CATILINA

Henrik Ibsen

Catilina
Copyright © JiaHu Books 2014
First Published in Great Britain in 2014 by JiaHu Books – part of Richardson-Prachai Solutions Ltd, 34 Egerton Gate, Milton Keynes, MK5 7HH
ISBN: 978-1-78435-061-1
Conditions of sale
All rights reserved. You must not circulate this book in any other binding or cover and you must impose the same condition on any acquirer.
A CIP catalogue record for this book is available from the British Library
Visit us at: jiahubooks.co.uk

PERSONERNE	5
FØRSTE AKT	7
ANDEN AKT	30
TREDJE AKT	60

Personerne

LUCIUS CATILINA, en adelig Romer.
AURELIA, hans hustru.
FURIA, en vestalinde.
CURIUS, Catilinas slægtning, en yngling.
MANLIUS, en gammel kriger.
LENTULUS,
COEPARIUS,
GABINIUS,
STATILIUS,
CETHEGUS, unge adelige Romere.
AMBIORIX,
OLLOVICO, Allebrogernes udsendinger.
EN OLDING.
PRESTINDER og TJENERE i Vestas tempel
GLADIATORER og KRIGERE.
ALLEBROGERNES LEDSAGERE.
SULLAS GENFÆRD.

(Første og anden akt foregår ved og i Rom, tredje akt i Etrurien.)

FØRSTE AKT

(Ved den flaminiske landevej udenfor Rom. En træbevokset bakke ved vejen. I baggrunden fremrager stadens højder og mure. Det er aften.)

(Catilina står oppe på bakken mellem buskerne, lænet til en træstamme.)

CATILINA. Jeg må! Jeg må; så byder mig en stemme
i sjælens dyb, – og jeg vil følge den.
Kraft ejer jeg, og mod til noget bedre,
til noget højere, end dette liv.
En række kun af tøjlesløse glæder –!
Nej, nej; de fyldestgør ej hjertets trang.
Jeg sværmer vildt! Kun glemsel er min higen.
Det er forbi! Mit liv har intet mål.
(efter et ophold.)
Hvad blev der vel af mine ungdomsdrømme?
Som lette sommerskyer de forsvandt.
Kun nag og skuffelse de lod tilbage; –
hvert modigt håb har skæbnen røvet mig.
(slår sig for panden.)
Foragt dig selv! Foragt dig, Catilina!
Du føler ædle kræfter i dit sind; –
og hvad er målet for din hele stræben?
Kun mættelse for sanseligt begær.
(roligere.)
Dog, stundom end, som nu i denne time,
en lønlig længsel ulmer i mit bryst.

Ah, når jeg ser mod staden hist, det stolte,
det rige Roma, – og den uselhed
og det fordærv, hvortil det længst er sunket,
fremtræder klart som solen for mit syn, –
da råber højt en stemme i mit indre:
vågn, Catilina; – vågn, og vord en mand!
(afbrydende.)
Ak, det er gøgleværk og nattens drømme,
og ensomhedens åndefostre kun.
Ved mindste lyd fra virklighedens rige
de flygter ned i sjælens stumme dyb.
(Allebrogernes udsendinger, Ambiorix og Ollovico, med sine ledsagere, kommer nedover landevejen uden at bemærke Catilina.)
AMBIORIX. Se hist vor rejses mål! Se Romas mure!
Mod himlen står det høje Kapitol.
OLLOVICO. Det Roma er? Italiens herskerinde,
og snart Germanniens, – Galliens og måské.
AMBIORIX. Desværre, ja; – så tør det engang vorde;
og skånselløst er Romas herredom;
den undertvungne tynger det til jorden.
Nu får vi se, hvad lod vort folk kan vente:
om her er værn mod krænkelserne hjemme,
og fred og ret for Allebrogers land.
OLLOVICO. Det vil os skænkes.
AMBIORIX. Lad os håbe så;
thi endnu véd vi ingenting med visshed.
OLLOVICO. Du frygter, synes det?
AMBIORIX. Med skellig grund.
Nidkær var Roma stedse for sin magt.
Og kom ihug at dette stolte rige

af høvdinger ej styres, som hos os.
Derhjemme råder vismand eller kriger, –
i kløgt den ypperste, i strid den største;
ham kårer vi til fører for vor stamme,
til dommer og til hersker for vort folk.
Men *her* –
CATILINA *(råber ned til dem).* – her råder vold og egennytte; –
ved list og rænker blir man hersker her!
OLLOVICO. O, ve os, brødre, – han har os beluret!
AMBIORIX *(til Catilina).* Er så den ædelbårne Romers skik?
Et kvindeværk er det i vore dale.
CATILINA *(stiger ned på vejen).* Frygt ikke; – spejden er ej min
bedrift;
tilfældig kun jeg hørte eders tale. –
Fra Allebrogerlandet kommer I?
I Roma tror I retfærd er at finde?
Vend om! Drag hjem! Her råder tyranni
og uretfærd langt mer end nogensinde.
En republik af navnet er det vel;
og dog, hver borger er en bunden slave,
forgældet, og afhængig som en træl
af et senat – tilfals for gunst og gave.
Forsvunden er den fordums samfunds-ånd,
det frisind, Roma havde før i eje; –
liv, sikkerhed, er af senatets hånd
en nåde, som med guld man må opveje.
Her gælder magtsprog, ej retfærdighed;
den ædle står af vælden overskygget –
AMBIORIX. Men sig, – hvo er da du, der bryder ned
den grund, hvorpå vort hele håb var bygget?

CATILINA. En mand, der føler varmt for friheds sag;
en fiende af uretfærdigt vælde;
en ven af hver en undertrykt, hver svag, –
med lyst og mod, den mægtige at fælde.

AMBIORIX. Det stolte Romerfolk –? Ah, Romer, svar; –
du sikkert vil os fremmede bedrage.
Er det ej mere, hvad det fordum var:
tyranners skræk, beskytter for den svage?

CATILINA *(peger mod staden og siger:)*
Se, Allebroger, – hist på højden truer,
med herskertrods, det store Kapitol.
Se, hvor i rødlig aftenglans det luer
ved sidste blinket ifra vestens sol. –
Så flammer også Romas aftenrøde;
dets frihed hylles ind i trældoms nat. –
Dog, på dets himmel snart en sol skal gløde;
og for dens stråler svinder mulmet brat.
(han går.)

(En søjlegang i Rom.)
(Lentulus, Statilius, Coeparius og Cethegus kommer ind i ivrig samtale.)

COEPARIUS. Ja, du har ret; det vorder stedse værre.
Hvad enden bliver, véd jeg ikke selv.

CETHEGUS. Ej! Aldrig falder det mig ind at tænke
på enden. Øjeblikket nyder jeg.
Hver glædens skål jeg stikker ud – og lader
det hele gå sin egen skæve gang.

LENTULUS. Vel den, der kan. Det mig forundtes ikke
så ligegyldigt at imødese

  den dag, da intet mer vi har tilovers,
  og ingen fordring fyldestgøres kan.
STATILIUS. Og aldrig glimt af udsigt til det bedre!
  Dog, det er sandt: en levevis, som vor –
CETHEGUS. O, ti med sligt!
LENTULUS. Mit sidste arvestykke
  blev denne morgen mig for gæld berøvet.
CETHEGUS. Nu væk med sorg og klager! Følg mig, venner!
  I lystigt drikkelag vi drukner dem!
COEPARIUS. Ja, ja; det vil vi! Kom, I glade brødre!
LENTULUS. Vent lidt; hist ser jeg gamle Manlius; –
  jeg tænker han, som vanligt, søger os.
MANLIUS *(træder hæftig ind)*. Forbandet være disse lumpne hunde!
  Retfærdighed de kender ikke mer.
LENTULUS. Hvad er påfærde? Hvorfor så forbittret?
STATILIUS. Har ågerkarle plaget også dig?
MANLIUS. Hel andet. Hør! Som I vel alle véd,
 har jeg med hæder tjent i Sullas hær.
 Et stykke agerland blev min belønning.
 Da krigen var tilende leved jeg
 af dette gods; til nød det mig ernæred.
 Nu er det taget fra mig! Som det heder –
 skal statens ejendomme drages ind,
 til ligelig fordeling på enhver.
 Det er et røveri, og intet andet!
 Kun egen griskhed søger de at mætte.
COEPARIUS. Så skalter de med vore rettigheder!
  De mægtige tør øve, hvad de vil.
CETHEGUS *(muntert)*. Slemt nok for Manlius! Dog, værre slag
 har rammet mig, som nu jeg skal fortælle.
 Tænk eder kun, – min smukke elskerinde,

    min Livia, har troløst mig forladt,
    just nu, da alt, hvad end mig var tilovers,
    for hendes skyld jeg havde ødslet bort.
STATILIUS. Din overdåd tilskrives må dit uheld.
CETHEGUS. Tilskriv det, hvad du vil; jeg giver ej
    på mine ønsker slip; dem vil jeg stille
    tilfreds så længe, som jeg det formår.
MANLIUS. Og jeg, der tappert kæmped for den hæder,
    den magt, hvormed de stolte praler nu!
    Jeg skal –! Ah, var den gamle kække skare
    af mine våbenfæller endnu her!
    Men, nej; den største delen er jo død;
    og resten lever spredt i alle lande. –
    O, hvad er I, den unge slægt, mod hine?
    For magten bøjer I jer dybt i støvet;
    I har ej mod at bryde eders lænker;
    I bærer tålsomt dette trælleliv!
LENTULUS. Ved guderne, – skønt krænkende han taler,
    er sandhed dog i hvad han sagde der.
CETHEGUS. O, ja; ja vel; – ret må vi give ham.
    Men hvordan gribe fat? Se, det er tingen.
LENTULUS. Ja, sandhed er det. Altfor længe tålte
    vi undertrykkelsen. Nu er det tid
    at kaste af de bånd, som uretfærd
    og herskesyge rundt om os har flettet.
STATILIUS. Ah, jeg forstår dig, Lentulus! Dog se,
    til sligt behøver vi en kraftig leder –
    med mod og indsigt nok. Hvor findes han?
LENTULUS. Jeg kender en, der mægter os at lede.
MANLIUS. Du mener Catilina?
LENTULUS. Netop ham.

CETHEGUS. Ja, Catilina; han var kanske manden.
MANLIUS. Jeg kender ham. Jeg var hans faders ven,
   med hvem i mangt et slag jeg fægted sammen.
   Hans lille søn fik følge ham i krigen.
   I hin tid alt var drengen vild, ustyrlig;
   dog, sjeldne gaver var hos ham at spore; –
   hans sind var højt, hans mod urokkeligt.
LENTULUS. Jeg tror at finde ham ret beredvillig.
   I aftes mødte jeg ham dybt forstemt.
   Han ruger over hemmelige anslag; –
   et dristigt mål han havde længst isigte.
STATILIUS. Ja, konsulatet har han længe søgt.
LENTULUS. Det vil ej lykkes ham; thi voldsomt har
   hans fiender imod ham talt og tordnet; –
   han var tilstede selv, og rasende
   forlod han rådet – pønsende på hævn.
STATILIUS. Da går han sikkert på vort forslag ind.
LENTULUS. Jeg håber det. Dog først vi planen må
   i enrum veje. Tiden er os gunstig.
   (de går.)

   (I Vesta-templet i Rom. På et alter i baggrunden brænder en lampe med den hellige ild.)
   (Catilina, fulgt af Curius, kommer listende ind mellem søjlerne.)
CURIUS. Hvad, Catilina, – hid du fører mig?
   I Vestas tempel!
CATILINA *(leende)*. Nu ja; som du ser!
CURIUS. I guder, – hvilket letsind! End idag
   har Cicero i rådet tordnet mod dig;
   og dog du kan –
CATILINA. O, lad det være glemt!

CURIUS. Du er i fare, og forglemmer den –
ved blindt at styrte dig ind i en anden.
CATILINA *(muntert)*. Forandring er min lyst. Jeg aldrig ejed
en vestalindes elskov, – den forbudne; –
thi kom jeg hid at friste lykkens gunst.
CURIUS. Hvad siger du? Umuligt! Det er spøg!
CATILINA. En spøg? Ja visst, – som hver min kærlighed; –
men alvor er dog, hvad jeg nys dig sagde.
Ved sidste skuespil jeg så på torvet
prestinderne i stort og festligt optog.
Tilfældigvis på en af dem jeg sænked
et øjekast, – og med et flygtigt blik
hun mødte mit. Det trængte gennem sjælen.
Ah, dette udtryk i det sorte øje
jeg aldrig så hos nogen kvinde før.
CURIUS. Det vil jeg tro. Men sig, – hvad fulgte siden?
CATILINA. I templet har jeg vidst at slippe ind,
har flere gange set og talt med hende.
O, hvilken forskel mellem denne kvinde
og min Aurelia.
CURIUS. Du elsker begge
på engang? Nej, – det kan jeg ej forstå.
CATILINA. Besynderligt. Jeg fatter det ej selv.
Og dog – jeg elsker begge, som du siger.
Men hvor forskellig er ej denne elskov!
Aurelia er øm og stemmer tidt
med blide ord mit sind til ro og mildhed; –
hos Furia –. Gå, gå; der kommer nogen.
(de skjuler sig mellem søjlerne.)
FURIA *(kommer ind fra den anden side)*. Forhadte haller, – vidner til
min smerte,

hjem for den kval, hvortil jeg er fordømt!
Hvert herligt håb, hver tanke, som jeg nærte,
er slukt i dette hjerte, – gennemstrømt
af febergysen snart, og snart af gløden,
mer hed og brændende end flammen der. –
Ah, hvilken skæbne! Og hvad var vel brøden,
som fængsled mig til dette tempel her, –
som røved mig enhver min ungdomsglæde, –
i livets varme vår hver skyldfri lyst?
Dog ingen tåre skal mit øje væde;
kun hævn og had beliver dette bryst.

CATILINA *(træder frem)*. Og heller ej for mig en anden lue –
en mere blid – du nærer, Furia?

FURIA. I guder! Du, forvovne, her igen?
Du frygter ej –?

CATILINA. Jeg kender ikke frygt.
Det stedse var min lyst at trodse faren.

FURIA. O, herligt; herligt! Så er og *min* lyst; –
og dette tempel hader jeg desmere,
fordi jeg lever her i stadig tryghed,
og ingen fare bag dets mure bor.
O, denne tomme, handlingsløse færden,
et liv, så mat, som lampens sidste blus –!
Hvor trang en tumleplads for al min fylde
af vide formål og af hede ønsker!
At knuges sammen mellem disse vægge; –
her stivner livet; håbet slukkes ud;
her sniger dagen døsigt sig tilende,
og ingen tanke rettes mod en dåd.

CATILINA. Ah, Furia, hvor sælsom er din tale!
Den er som genlyd fra min egen barm, –

som om med flammeskrift du vilde male
enhver min higen, svulmende og varm.
Så knuger naget også dette hjerte;
som dit – af hadet, hærdes det til stål;
som dig, mig røvedes hvert håb, jeg nærte;
mit levnet er – som dit – foruden mål.
Og dog jeg gemmer taus min kval, mit savn;
og ingen aner, hvad der gløder i mig.
De håner og foragter mig, – de usle;
de fatter ej, hvor højt mit hjerte slår
for ret og frihed, og for alt, hvad ædelt
bevæged sig i nogen Romers sind.

FURIA. Jeg vidste det! Din sjæl, og ingen anden,
er skabt for mig, – så råber lydt en røst,
som aldrig fejler og som ej bedrager.
Så kom! O, kom – og lad os følge røsten!

CATILINA. Hvad mener du, min skønne sværmerinde?

FURIA. Kom, – lad os flygte langt fra dette sted;
et nyskabt fædreland vi vil os finde.
Her kues åndens stolthed og dens flugt;
her slukker lavhed hver en herlig funke
før den til flammers leg får blusse frem.
Kom, lad os flygte; – se, for frihedssindet
er hele jordens kreds et fædrehjem!

CATILINA. O, mægtigt tryllende du drager mig –

FURIA. Så lad os nytte dette øjeblik!
Højt over fjelde; vidt bag havets flade, –
langt, langt fra Roma standser først vor flugt.
Dig følger sikkert tusend venners skare;
i fjerne lande fæster vi vort bo;

der hersker vi; der skal sig åbenbare,
at intet hjerte slog som disse to!

CATILINA. O, skønt! – Men flygte? Hvorfor skal vi flygte?
Se, her kan også frihedsflammen næres;
her findes og en mark for dåd og handling,
så stor, som selv din sjæl begærer den.

FURIA. Her, siger du? Her, i det usle Roma,
hvor ikkun slavesind og voldsmagt findes?
Ah, Lucius, er også du blandt dem,
som uden rødme Romas fortid mindes?
Hvo råded fordum her? Hvo råder nu?
Dengang en helteflok, – og nu en skare
af trælles trælle –

CATILINA. Spot mig også du; –
men vid, – for Romas frihed at bevare,
for end engang at se dets sunkne glans,
med glæde jeg, som Curtius, mig styrted
i svælget ned –

FURIA. Dig tror jeg; dig alene;
dit øje brænder; du har sandhed talt.
Dog, gå; thi snart prestinderne kan ventes;
på denne tid de plejer samles her.

CATILINA. Jeg går; dog kun for atter dig at møde.
En tryllekraft mig fængsler til din side; –
så stolt en kvinde så jeg aldrig før.

FURIA *(med et vildt smil).* Da lov mig et; og sværg, at du vil holde,
hvad du mig lover. Vil du, Lucius?

CATILINA. Alt vil jeg, hvad min Furia forlanger;
byd over mig, og sig, hvad jeg skal love.

FURIA. Så hør. Skønt her jeg som en fange lever,
jeg véd, i Roma færdes der en mand,

hvem jeg har svoret fiendskab indtil døden –
og had bag gravens sorte skygger selv.

CATILINA. Og så –?

FURIA. Så sværg, – min fiende skal vorde
til døden din. Vil du, min Lucius?

CATILINA. Det sværger jeg ved alle store guder!
Det være svoret ved min faders navn
og ved min moders minde –! Furia, –
hvad fattes dig? Dit øje flammer vildt, –
og marmorhvid, som ligets, er din kind.

FURIA. Jeg véd det ikke selv. – En ildflod strømmer
igennem mig. Sværg! Sværg din ed tilende!

CATILINA. Udøs, I vældige, på denne isse
al eders harm, og lad jer vredes lyn
mig sønderknuse, hvis min ed jeg bryder:
en dæmon lig jeg skal forfølge ham!

FURIA. Alt nok; jeg tror dig. Ah, min barm det letted.
I dine hænder hviler nu min hævn.

CATILINA. Udføres skal den. Dog, nu sig mig blot, –
hvo er din fiende? Hvad var hans brøde?

FURIA. Ved Tibers bredder, langt fra stadens larm,
min vugge stod; der var mit stille hjem.
En elsket søster leved der med mig,
til vestalinde kåret alt som barn. –
Da kom en niding til vor fjerne egn; –
han så den unge vordende prestinde –

CATILINA *(overrasket).* Prestinde? Sig mig –! Tal –!

FURIA. Han skænded hende.
Hun søgte sig en grav i Tiber-strømmen.

CATILINA *(urolig)*
Du kender ham?

FURIA. Jeg så ham ingensinde.
>Alt var forbi, da sorgens bud mig bragtes.
>Nu kender jeg hans navn.

CATILINA. Så nævn det da!

FURIA. Det navn har ry. Han heder Catilina.

CATILINA *(farer tilbage)*. Hvad siger du? O, rædsel! Furia –!

FURIA. Kom til dig selv! Hvad fattes dig? – Du blegner.
>Min Lucius, – er denne mand din ven?

CATILINA. Min ven? Nej, Furia, – nu ikke mere.
>Jeg har forbandet, – svoret evigt had –
>mig selv.

FURIA. Dig selv! Du – du er Catilina?

CATILINA. Jeg er det.

FURIA. Du min Silvia vanæred?
>Ah, så har Nemesis jo hørt mit råb; –
>selv har du hævnen nedkaldt på dit hoved!
>Ve over dig, du voldsmand, – ve!

CATILINA. Hvor blankt
>dit øje stirrer på mig! Silvias skygge
>du tykkes lig i lampens matte skin!
>*(han iler ud; lampen med den hellige ild slukner.)*

FURIA *(efter et ophold)*. Ja, nu forstår jeg det. Fra mine blikke
>er sløret faldet, – og jeg ser i natten.
>Had var det, som, da første gang jeg skued
>på torvet ham, sig sænked i mit bryst. –
>En sælsom følelse; en blodrød flamme!
>O, han skal føle, hvad et had som mit,
>et evigt gærende, et aldrig mættet,
>kan ruge ud til hævn og til fordærv!

EN VESTALINDE *(træder ind)*. Gå, Furia; din vagt er nu tilende;
>thi kom jeg hid –. Dog, hellige gudinde, –

hvad ser jeg! Ve dig; ve dig! Flammen slukt!
FURIA *(forvildet).* Slukt, siger du? Så vildt den aldrig brændte; –
den slukkes ej.
VESTALINDEN. I magter, – hvad er dette?
FURIA. Nej, hadets ildhav slukkes ej så let!
Se, kærligheden blaffer op – og dør
i næste stund; men hadet –
VESTALINDEN. Alle guder, –
det er jo vanvid!
(råber ud.)
Kom! Til hjælp; til hjælp!
(Vestalinder og tempeltjenere iler ind.)
NOGLE. Hvad er påfærde?
ANDRE. Vestaflammen slukket!
FURIA. Men hadets brænder; hævnens blusser højt!
VESTALINDERNE. Bort, bort med hende; bort til dom og straf!
(de fører hende ud imellem sig.)
CURIUS *(træder frem).* Til fængslet føres hun. Derfra til døden. –
Nej, nej, ved guderne, det må ej ske!
Skal hun, den stolteste af alle kvinder,
i skændsel ende, levende begravet? –
O, aldrig følte jeg mig så tilmode.
Er dette kærlighed? Ja, sådan er det. –
Ved mig hun frelses skal! – Men Catilina?
Med had og hævn hun vil forfølge ham.
Har han af avindsmænd ej nok tilforn?
Tør endnu jeg hans fienders antal øge?
Han var imod mig som en ældre broder;
mig byder taksomhed at skærme ham. –
Men kærligheden? Ah, hvad byder den?
Og skulde han, den kække Catilina,

vel skælve for en kvindes anslag? Nej; –
til redningsværk endnu i denne stund!
Vent, Furia; – jeg drager dig af graven
til livet, – gjaldt det end mit eget liv!
(han går hurtigt bort.)

(En sal i Catilinas hus.)
CATILINA *(kommer heftig og urolig ind)*. «Ah, så har Nemesis jo hørt mit råb;
selv har du hævnen nedkaldt på dit hoved.»
Så lød det jo fra sværmerindens læber.
Forunderligt! Måske det var et vink, –
et varsel om, hvad tiden bringer med sig.
Så har jeg da med ed mig viet ind
til blodig hævner af min egen brøde.
Ah, Furia, – mig tykkes end, jeg ser
dit flammeblik, vildt, som en dødsgudindes!
Hult ringer dine ord for mine øren; –
og alle dage skal jeg eden mindes.
(Under det følgende træder Aurelia ind og nærmer sig ham uden at bemærkes.)
CATILINA. Dog, det er tåbeligt at tænke mer
på denne galskab; – andet er det ikke.
Ad bedre veje kan min grublen gå;
et større formål bydes mine kræfter.
Al tidens uro maner med sit krav;
mod den jeg må enhver min tanke vende;
håb, tvivl mig tumler som et stormfuldt hav –
AURELIA *(griber hans hånd)*. Tør din Aurelia ej grunden kende?
Tør hun ej vide, hvad der i dit bryst
bevæger sig og kæmper vildt derinde?

Tør hun ej yde dig en hustrus trøst
og bringe pandens mulm til at forsvinde?
CATILINA *(mildt).* O, min Aurelia, – hvor god og øm –.
Dog, hvorfor skal jeg livet dig forbittre?
Hvi skal med dig jeg dele mine sorger?
For min skyld har du døjet smerte nok.
Hererfterdags jeg på min egen isse
vil bære, hvad mig skæbnen fiendsk beskar, –
al den forbandelse, der ligger i
foreningen af stærke sjælekræfter,
af varme længsler mod et dådrigt liv,
med usle kår, der kuer åndens stræben. –
Skal også du, i lange dybe drag,
min skæbnes bittre skål til bunden tømme?
AURELIA. En kærlig trøst er stedse kvindens sag,
kan hun end ej, som du, om storhed drømme.
Når manden kæmper for sin stolte drøm,
og al hans løn er skuffelse og kummer, –
da lyder hendes tale blid og øm,
og dysser ind ham i en kvægsom slummer;
da fatter han at og det stille liv
har glæder, som den vilde tummel savner.
CATILINA. Ja, du har ret; jeg føler det så vel.
Og dog, jeg kan mig ej fra larmen rive.
En evig uro gærer i min barm; –
kun livets tummel mægter den at stille.
AURELIA. Er din Aurelia dig ikke nok, –
formår hun ej, din sjæl tilfreds at stille, –
så åbn dog hjertet for et venligt ord,
en kærlig trøst ifra din hustrus læber.
Kan hun ej mætte denne hede trang,

      kan hun ej følge dine tankers flyven, –
      vid: hun formår at dele hver din sorg,
      har kraft og mod at lette dine byrder.
CATILINA. Så hør da, min Aurelia, hvad der
      i disse dage mig så dybt forstemte.
      Du véd, jeg længst har konsulatet søgt –
      foruden held. Du kender jo det hele; –
      hvordan, for stemmer at erhverve mig,
      jeg har forødt –
AURELIA. O, ti, min Catilina;
      det smerter mig –
CATILINA. Du laster og min færd?
      Hvad bedre middel havde jeg at vælge? –
      Til ingen nytte spildte jeg mit eje;
      kun spot og skændsel blev min hele vinding.
      Nys i senatet har min avindsmand,
      den trædske Cicero, mig trådt i støvet.
      Hans tale var en skildring af mit liv,
      så skrigende, at selv jeg måtte gyse.
      I hvert et blik jeg læste skræk og gru;
      med afsky nævnes navnet Catilina;
      til efterslægten vil det bringes, som
      et billed på en fæl og rædsom blanding
      af tøjlesløshed og af uselhed,
      af hån og trods mod alt, hvad der er ædelt. –
      Og ingen dåd får rense dette navn
      og slå til jorden, hvad man fult har løjet!
      Enhver vil tro, hvad rygtet har fortalt –
AURELIA. Men jeg, min husbond, tror ej slige rygter.
      Lad hele verden end fordømme dig;
      lad dem kun skændsel på dit hoved dynge; –

jeg véd, du gemmer inderst i dit sind
en spire, som kan sætte blomst og frugt.
Dog, her formår den ej at bryde frem;
og giftigt ukrudt vil den snarlig kvæle.
Lad os forlade dette lastens hjem; –
hvad binder dig? Hvi skal vi her vel dvæle?
CATILINA. Jeg skulde rømme marken, – drage bort?
Jeg skulde slippe mine største tanker?
Den druknende – endskønt foruden håb –
sig klynger fast dog til de knuste planker;
og sluges vraget af den våde grav,
og er det sidste skimt af redning svunden, –
den sidste planke han med sidste kraft
omklamrer, synkende med den til bunden.
AURELIA. Men hvis en gæstmild kyst tilsmiler ham
med grønne lunde langsmed havets vove,
da vågner håbet atter i hans barm, –
han stræber did, imod de lyse skove.
Der er det skønt; der hersker stille fred;
der triller bølgen lydløst imod stranden;
der lægger han de trætte lemmer ned,
og kølig aftenvind omvifter panden; –
den jager bort hver sorgens mørke sky;
en trøstig ro blir i hans sind tilbage; –
der dvæler han og finder kvægsomt ly
og glemsel for de svundne tunge dage.
Den fjerne genlyd kun af verdens larm
formår at trænge til hans lune bolig.
Den bryder ikke freden i hans barm; –
den gør hans sjæl end mere glad og rolig;
den minder ham om den forsvundne tid,

  med knuste formål og med vilde glæder;
  han finder dobbelt skønt det stille liv –
  og bytter ej med nogen Romers hæder.
CATILINA. Du taler sandhed; og i denne stund
  jeg kunde følge dig fra strid og tummel.
  Men kan du nævne mig så dulgt et sted,
  at vi kan leve der i ly og stilhed?
AURELIA *(glad).* Du vil, min Catilina! Hvilken fryd, –
  o, mere rig, end dette bryst kan rumme!
  Så lad det ske! Endnu i denne nat
  afsted vi drager –
CATILINA. Hvorhen skal vi drage?
  Nævn mig den plet, hvor hjemligt jeg tør lægge
  til ro mit hoved!
AURELIA. Kan du sådan tale?
  Har du forglemt vort lille landsted, hvor
  min barndom svandt, og hvor vi siden glade,
  i elskovs første lykkelige tid,
  har levet mange muntre sommerdage?
  Hvor var vel græsset mere grønt end der?
  Hvor større kølighed i skovens skygge?
  Den hvide villa mellem mørke trær
  fremtitter, vinkende til rolig hygge.
  Did flygter vi og vier ind vort liv
  til landlig syssel og til fredsom glæde; –
  der skal opmuntre dig en kærlig viv;
  med kys hun skal enhver din kummer sprede.
  (smilende.)
  Og når, med markens blomster i din favn,
  du træder ind til mig – din herskerinde, –
  da råber jeg min blomsterfyrstes navn

og binder laurbærkransen om hans tinde! –
Men hvorfor blegner du? Du knuger vildt
min hånd, – og sælsomt flammer dine blikke –

CATILINA. Ve mig, Aurelia; din fryd er spildt; –
didhen at føre dig formår jeg ikke.
Det kan jeg aldrig mer!

AURELIA. Du skrækker mig!
Dog, ikke sandt, – du spøger, Catilina?

CATILINA. Jeg spøge! O, hvis blot det var en spøg!
Men hver dit ord, lig hævnens hvasse pile,
igennemborer dette pinte bryst,
som skæbnen aldrig vil forunde hvile.

AURELIA. I guder; tal! Hvad mener du?

CATILINA. Se her!
Her er dit landsted, – her din fremtids glæde!
(han trækker en pung med guldpenge frem og kaster den på bordet.)

AURELIA. O, du har solgt –?

CATILINA. Alt solgte jeg idag; –
og i hvad hensigt? Ah, for at bestikke –

AURELIA. Tal ikke mere! Lad os ikke tænke
på denne sag; det volder jo kun sorg.

CATILINA. Mig knuser tifold mer dit stille tålmod,
end selv et smertesskrig ifra din læbe!
(En gammel soldat kommer ind og nærmer sig Catilina.)

SOLDATEN. Tilgiv mig, herre, at jeg træder ind
så sent på dagen, umeldt, i din bolig.
Vær ikke vred –

CATILINA. Hvad er dit ærend her?

SOLDATEN. Mit ærend er en ydmyg bøn. Du sikkert
vil høre den. Jeg er en fattig mand,

    som ofret har min kraft for Romas hæder.
    Nu er jeg svækket, kan ej tjene længer,
    og mine våben hænger rustne hjemme.
    Min alders håb stod til min Søn. Han har
    med sine hænders arbejd mig ernæret.
    Ak, – for en gæld han sidder fængslet nu.
    Og ingen redning –. Hjælp mig; hjælp mig, herre!
    (knælende.)
    En liden skærv! Jeg vandret har fra hus
    til hus; men hver en dør forlængst var lukket.
    Jeg véd ej udvej mer –
CATILINA. Det ligner dem!
    Se her et billed på de manges nød.
    Så lønner man den tappre gamle skare.
    Ej findes taksomhed i Roma længer!
    Der var en tid, da jeg i billig harm
    gad straffe dem med sværd og røde flammer;
    men bløde ord har lydt til mig fornylig;
    mit sind er barnemildt; jeg vil ej straffe; –
    at lindre sorgen er jo og en gerning. –
    Der, gamle kriger; – klar med det din gæld.
    (han rækker ham pungen med guldpengene.)
SOLDATEN *(rejser sig)*. O, gode herre, – tør jeg tro dit ord?
CATILINA. Ja; skynd dig, gubbe; løs din alders håb.
    (Soldaten går hurtigt bort.)
CATILINA. En bedre brug, – ej sandt, Aurelia? –
    end til bestikkelser og stemmekøb.
    Vel er det skønt at knuse voldsmænds magt;
    men stille trøst har også sin belønning.
AURELIA *(kaster sig i hans arme)*. O, rig og ædel er endnu din sjæl.
    Nu kender jeg igen min Catilina!

(Et underjordisk gravkammer med en nylig igenmuret åbning højt oppe på bagvæggen. En lampe brænder mat.)
(Furia, iført lange sorte klæder, står i en lyttende stilling nede i gravkamret.)

FURIA. Det drønner hult. Det tordner visst deroppe.
Det lyder til mig helt herned i graven.
Men graven selv, den er så stille – stille!
Er jeg til døsig ro da evig dømt?
Skal end ej her ad sammenslyngte veje
jeg vandre frem, som stedse var min lyst?
(efter et ophold.)
Det var et sælsomt liv; – en sælsom skæbne.
Lig stjerneskuddet alting kom – og svandt.
Han mødte mig. En lønlig trolddomsmagt,
en indre samklang drog os mod hinanden.
Jeg var hans hævngudinde, – han mit offer; –
men straffen fulgte hævnerinden brat.
(atter ophold.)
Nu er det lyst deroppe. – Fjernes jeg
nedad – umærkeligt – fra lysets bolig?
Ah, vel mig, hvis så er, – hvis denne dvælen
i gravens skød igrunden er en flugt
på lynets vinger ned mod mørkets lande, –
hvis alt jeg nærmer mig den brede Styx!
Der vælter bølgen blytungt imod bredden;
der sysler Charon lydløs i sin båd.
Snart er jeg der! Der vil jeg taus mig sætte
ved færgestedet, – spørge hver en ånd,
hver flygtig skygge, som fra livets rige
let-skridende sig nærmer dødens flod, –
vil spørge ham, hvorledes Catilina

vel færdes blandt de levende deroppe, –
vil spørge, hvordan han har holdt sin ed.
Jeg lyse vil med blålig svovelfakkel
hver dødning ind i øjets brustne dyb, –
se efter, om det ej er Catilina.
Og når han kommer, vil jeg følge ham; –
da gør vi begge overfarten sammen,
betræder begge Plutons stille sal.
Jeg og som skygge følge skal hans skygge; –
hvor Catilina er, må Furia være!
(efter et ophold, mattere.)
Ah, luften blir så lummer og så kvalm, –
og åndedrættet stedse mere tungt. –
Så nærmer jeg mig da de sorte sumpe,
hvor underverdnens floder strømmer trægt –
(hun lytter; der høres en dump larm.)
Et sagte drøn? Som åreslag det lyder.
Det er de dødes færgemand, der kommer
at hente mig. Nej, her – her vil jeg vente!
(Stenene i den nylig tilmurede åbning brydes fra hverandre.
Curius kommer tilsyne udenfor; han vinker til hende.)

FURIA. Vær hilset, Charon! Er du alt beredt
at føre mig som gæst til dødens haller?
Her vil jeg vente!

CURIUS *(hviskende)*. Ti; – jeg frelser dig!

ANDEN AKT

(En sal i Catilinas hus, med åben søjlegang i baggrunden. En lampe oplyser salen.)

(Catilina går op og ned ad gulvet. Lentulus og Cethegus er hos ham.)

CATILINA. Nej, nej! Jeg siger, I forstår ej selv,
hvad I forlanger af mig. Skulde jeg
forræderisk en borgerkrig begynde, –
med Romer-blod besmitte mine hænder?
Jeg gør det aldrig! Lad kun hele staden
fordømme mig –

LENTULUS. Du vil ej, Catilina?

CATILINA. Jeg vil ej.

CETHEGUS. Sig mig, – har du intet her
at hævne, – ingen, som du vel gad ramme?

CATILINA. Lad hævne, hvo der vil; jeg gør det ej.
Dog, taus foragt er også jo en hævn; –
den være skal min eneste.

CETHEGUS. Aha, –
vi kom nok i en ubelejlig stund.
Men morgendagen vil dig sikkert bringe
på andre tanker.

CATILINA. Hvorfor morgendagen?

CETHEGUS. Her går en hob forunderlige rygter.
Nys er en vestalinde ført til døden –

CATILINA *(overrasket)*. En vestalinde? Ah, hvad siger du?

LENTULUS. Ja visst; en vestalinde. Mange mumler –

CATILINA. Hvad mumler de?

CETHEGUS. At du er ej så ganske
 foruden del i denne mørke sag.
CATILINA. Det tror man om mig?
LENTULUS. Hm, – så løber rygtet.
 Nu ja, – for os, for dine gode venner,
 kan sligt jo være, som det være vil; –
 men folket, Catilina, dømmer strængere.
CATILINA *(i tanker)*,
 Og er hun død?
CETHEGUS. Det er hun uden tvivl.
 En times ophold i forbrydergraven
 er mer end nok –
LENTULUS. Det kommer os ej ved;
 det var ej derfor vi om hende talte.
 Men hør mig, Catilina! Tænk dig om.
 Du søgte konsulatet. Al din velfærd
 hang i den ene skøre håbets tråd; –
 nu er den brusten; nu er alt forbi.
CATILINA *(som før)*. «Selv har du hævnen nedkaldt på dit hoved.»
CETHEGUS. Ryst slige tanker af; de nytter ej.
 Vis dig som mand; endnu kan slaget vindes;
 en kæk beslutning –; du har venner nok;
 vi følger dig på allerførste vink. –
 Du fristes ikke? Svar!
CATILINA. Nej, siger jeg!
 Og hvorfor vil I sammensværge jer?
 Tal ærligt! Drives I af friheds-længsel?
 Er det, for Romas storhed at forynge,
 at I vil styrte alt?

LENTULUS. Nej, ingenlunde;
>men håb om egen storhed er jo dog
>tilstrækkelig bevæggrund, Catilina!

CETHEGUS. Og midler nok til rigt at nyde livet,
>er heller ej så ganske at forkaste.
>Det er min tragten; – jeg er ej ærgærrig.

CATILINA. Jeg vidste det. Kun usle snevre hensyn
>til egen fordel er, hvad eder driver.
>Nej, venner, nej; mod større mål jeg sigted!
>Vel har jeg ved bestikkelser forsøgt
>at rive konsulatet til mig; dog,
>mit anslag rummed mer, end hvad man skulde
>fra slige midler dømme. Borgerfrihed
>og statens vel var målet for min stræben.
>Man har mig miskendt; skinnet var imod.
>Min skæbne vilde det. Det må så være!

CETHEGUS. Nu vel; men tanken på den venneflok,
>du frelse kan fra undergang og skændsel –?
>Du véd, at inden kort tid er vi bragt
>til betlerstaven ved vort løse levnet.

CATILINA. Så stands itide; det er min beslutning.

LENTULUS. Hvorledes, Catilina, – du vil ændre
>din levevis? Ha-ha; du spøger vel?

CATILINA. Det er mit alvor, – ved de store guder!

CETHEGUS. Nu, så er ingen udvej med ham mere.
>Kom, Lentulus; vi melde må de andre,
>hvad svar han gav os. Vi vil finde dem
>i muntert gilde hist hos Bibulus.

CATILINA. Hos Bibulus? Hvormangen lystig nat
>jeg sværmet har hos Bibulus med eder!

    Nu er det ude med mit vilde liv;
      før dagen gryr har staden jeg forladt.
Lentulus. Hvad siger du?
Cethegus. Du rejse vil herfra?
Catilina. I denne nat, ledsaget af min hustru,
    farvel for livet jeg og Roma tager.
    I Galliens dale grunder jeg et hjem; –
    den mark, jeg rydder, skal ernære mig.
Cethegus. Du vil forlade staden, Catilina?
Catilina. Jeg vil; jeg må! Her tynges jeg af skændsel.
    Ah, jeg har mod, min fattigdom at bære;
    men i hver Romers blik at læse hån
    og fræk foragt –! Nej, nej; det er formeget!
    I Gallien kan jeg leve dulgt og stille;
    der vil jeg glemme, hvad jeg engang var,
    vil døve driften til de store formål,
    vil som en uklar drøm min fortid mindes.
Lentulus. Nu, så lev vel; og lykken følge dig!
Cethegus. Husk os med venlighed, som vi vil huske
    dig, Catilina! Nu fortæller vi
    til brødrene dit nye sære forsæt.
Catilina. Og bring dem så min broderlige hilsen!
    (Lentulus og Cethegus går.)
    (Aurelia er trådt ind fra siden, men standser frygtsom ved synet
    af de bortgående; når de er ude, nærmer hun sig Catilina.)
Aurelia *(blidt bebrejdende).* Igen de vilde venner i dit hus?
    O, Catilina –!
Catilina. Det var sidste gang.
    Nu tog jeg afsked med dem. Hvert et bånd,
    som bandt til Roma mig, er overhugget
    for alle tider.

AURELIA. Jeg har pakket sammen
vor smule ejendom. Det er ej meget; –
dog nok for nøjsomheden, Catilina!
CATILINA *(i tanker).* Ja, mer end nok for mig, som tabte alt.
AURELIA. O, grubl ej over, hvad der ej kan ændres; –
forglem, hvad du –
CATILINA. Vel den, der kunde glemme, –
der kunde rive mindet ud af sjælen,
og alle håb, og alle ønskers mål!
Det kræver tid, før jeg så vidt kan komme;
men jeg vil stræbe –
AURELIA. Jeg vil hjælpe dig;
og du skal finde lindring for dit savn.
Dog, bort herfra vi må så snart som muligt.
Her taler livet til dig som en frister. –
Ej sandt, – vi rejser end i denne nat?
CATILINA. Jo, jo, – i denne nat, Aurelia!
AURELIA. En ringe sum, som endnu var tilbage,
jeg samlet har; til rejsen er det nok.
CATILINA. Godt, godt! Mit sværd jeg for en spade sælger.
Ah, hvad er sværdet mere vel for mig?
AURELIA. Du rydder jorden; jeg vil dyrke den.
Snart om vort hjem i blomsterflor skal spire
en rosenhæk og venlige kærminder,
som varsel for at tiden snart er nær,
da du hvert fortidsminde hilse kan
som ungdomsven, når det din sjæl besøger.
CATILINA. Den tid, Aurelia? Jeg frygter, elskte, –
den ligger end i fremtids fjerne blå.
(med lettere udtryk.)
Dog gå, min hustru; hvil dig lidt derinde.

Kort efter midnat vil vi bryde op; –
da blunder staden dybest i sin slummer,
og ingen aner, hvor vi flygter hen.
Den første morgenrøde skal os finde
langt – langt herfra; i laurbærlundens ly
vi hviler os på græssets bløde teppe.

AURELIA. En ny tilværelse for os frembryder, –
mer glæderig, end den, vi sluttet her.
Nu vil jeg gå. En times rolighed
mig skænker kraft –. Godnat, min Catilina!
(hun omfavner ham og går.)

CATILINA *(ser efter hende).* Nu er hun borte. Ah, det letted mig!
Aflægge kan jeg denne byrdefulde
forstillelse, det skin af frejdighed,
som findes mindst af alt i dette hjerte.
Hun er min gode ånd. Hun vilde sørge,
ifald hun så min tvivl. Jeg må den skjule.
Dog, denne tause stund jeg vier ind
til en betragtning af mit spildte liv. –
Ah, lampen der forstyrrer mine tanker; –
mørkt må her være, – mørkt, som i min sjæl!
(slukker lampen ud; månen skinner ind gennem søjlerne i baggrunden.)
For lyst, – for lyst endnu! Dog, ligemeget; –
det matte måneskin sig passer godt
til dette dunkle halvlys, der omhyller, –
der stedse har omhyllet mine veje.
Hm, Catilina, – så er denne dag
din sidste; alt imorgen er du ej
hin Catilina mer, du før har været.
Fjernt i det øde Gallien skal mit liv

henrinde ukendt som en flod i skoven. –
Nu er jeg vågnet op af alle drømme
om magt, om storhed, om et dådrigt levnet; –
de svandt som duggen; i mit indres nat
var deres tumleplads; – dem ingen kendte.
Det er ej denne dumpe døs og ro,
afstængt fra verdens larm, som skræmmer mig.
Hvis blot et øjeblik jeg kunde lyse
og flamme som en stjerne i sit fald, –
hvis blot jeg en gang med en herlig dåd
fik knytte mig og navnet «Catilina»
til ry og til udødelige sagn, –
da skulde jeg med fryd, i sejrens stund,
forlade alt, – ty til en fremmed strand;
jeg skulde støde dolken i mit hjerte;
dø fri og glad; – thi da jeg havde levet!
Men denne lodd er døden uden liv.
Er sådant muligt? Skal jeg så forgå?
(med oprakte arme.)
Et vink, I vrede guder, – at det er
min skæbne, glemt og sporløst at forsvinde
fra livet!
FURIA *(udenfor bag søjlerne)*. Nej, det er ej, Catilina!
CATILINA *(farer tilbage)*. Hvo taler? Hvilken stemme varsler hist?
En ånderøst fra underverdnens skygger!
FURIA *(træder frem i måneskinnet)*. Jeg er din skygge.
CATILINA *(forfærdet)*. Vestalindens genfærd!
FURIA. Dybt må du være sunken, hvis du ræddes
for mig.
CATILINA. Tal! Er du stegen op af graven
for at forfølge mig med had og hævn?

Furia. Forfølge, – siger du? Jeg er din skygge.
   Jeg må ledsage dig, hvorhen du går.
   (hun nærmer sig.)
Catilina. Hun lever! Guder, – det er hende selv,
   og ingen ånd!
Furia. Ånd eller ikke, – det
   er ligemeget; jeg ledsager dig.
Catilina. Med blodigt had!
Furia. I graven slukner hadet,
   som kærligheden og som alle drifter,
   der næres i en jordisk barm. Kun *et*
   står fast i liv og død og kan ej ændres.
Catilina. Og hvad? Sig frem!
Furia. Din skæbne, Catilina!
Catilina. Min skæbne kender kun de vise guder, –
   ej noget menneske.
Furia. Jeg kender den.
   Jeg er din skygge; – gådefulde bånd
   os sammenknytter.
Catilina. Det er hadets.
Furia. Nej!
   Steg nogen ånd fra gravens kvalme dyb
   med hads og hævns begær? Hør, Catilina!
   Jeg slukket har i underverdnens floder
   hver jordisk ild, der rased i mit bryst.
   Som her du ser mig, er jeg ikke længer
   hin Furia, – hin vilde, harmoptændte, –
   du engang elsked –
Catilina. Hader du mig ej?
Furia. Nu ikke mere. Da jeg stod i graven, –
   da jeg på skillevejen mellem livet

og døden vakled, næste stund beredt
at gæste underverdnen, – se, da greb
en sælsom gysning mig; jeg véd ej selv –;
der foregik en underlig forvandling; –
bort fløed mit had, min hævn, min hele sjæl;
hvert minde svandt og hver en jordisk higen; –
kun navnet «Catilina» skrevet står
med ildskrift, rødt, som fordum, i min barm.

CATILINA. Forunderligt! Vær, hvo du være vil, –
et menneske, en underverdnens skygge, –
der ligger dog en grufuld trylledragning
i dine ord, i dine sorte øjne.

FURIA. Dit sind er stærkt som mit; og dog du vil
forsagt og tvivlsom slippe hvert et håb
om sejr og vælde. Fejgt du vender ryggen
den skueplads, hvor dine dunkle anslag
i lys og modning kunde foldes ud!

CATILINA. Jeg må! En ubønhørlig skæbne vil det.

FURIA. Din skæbne? Hvortil fik du heltens kraft, –
om ej til kamp mod, hvad du skæbnen kalder?

CATILINA. Ak, jeg har kæmpet nok! Var ej mit liv
en stadig kamp? Og hvad er kampens frugter?
Foragt og skændsel –!

FURIA. Du er dalet dybt.
Du higer mod et højt forvovent mål;
vil gerne nå det; og du skrækkes dog
af hver en hindring.

CATILINA. Frygt er grunden ej.
Det mål, jeg satte mig, er uopnåeligt; –
det hele var en flygtig ungdomsdrøm.

FURIA. Nu skuffer du dig selv, min Catilina!
  Du kredser endnu om det ene formål; –
  din sjæl er stor, – en Romer-hersker værdig, –
  og du har venner –. Ah, hvi nøler du?
CATILINA *(i eftertanke).* Jeg skal –? Hvad mener du –? Med
  borgerblod–?
FURIA. Er du en mand, – og har ej kvindemod?
  Har du forglemt hin raske Romerinde,
  der søgte tronen over fader-liget?
  Jeg føler mig en Tullia; – men du?
  Foragt dig selv; – foragt dig, Catilina!
CATILINA. Skal jeg foragte mig, fordi mit sind
  ej længer huser vild ærgærrighed?
FURIA. Her står du på en korsvej i dit liv.
  Hist venter dig en tom og dådløs færden, –
  en mellemting af død og døsig slummer; –
  men på den anden side skimter du
  et hersker-sæde. Vælg så, Catilina!
CATILINA. Du lokker og du frister til fordærv.
FURIA. Kast tærningen, – og i din hånd er lagt
  det stolte Romas vel for alle tider.
  Din stumme skæbne gemmer glans og magt;
  og dog du vakler, – vover ej at handle!
  Du drager hist til dine skove, hvor
  udslukkes vil hvert håb, du engang nærte.
  Ah, Catilina, er der intet spor
  af ærelyst tilbage i dit hjerte?
  Skal denne herskersjæl, til hæder skabt,
  hist i en navnløs ørk ukendt forsvinde?
  Ja, rejs! Men vid, – da er for stedse tabt,
  hvad her med dristig dåd du kunde vinde.

CATILINA. Bliv ved; bliv ved!

FURIA. Med skræk og gysen vil
  den fjerne efterslægt dit navn erindre.
  Dit hele liv var et forvovent spil; –
  dog i forsonings lys det skulde tindre,
  af sagnet båret, når med vældig hånd
  du brød dig vej midt i den vilde stimmel, –
  når trældomsskyen ved din herskerånd
  var vegen for en nyskabt frihedshimmel, –
  når engang du –

CATILINA. Alt nok! Du grebet har
  den streng, der dirred dybest i mit indre; –
  din tale klang, som om den genlyd var
  af hvad mit hjerte hvisked dag og nat.

FURIA. Så kender jeg dig atter, Catilina!

CATILINA. Jeg rejser ej! – Tillive har du vakt
  min ungdoms mod, min manddoms fulde higen.
  Ja, jeg skal lyse for det sunkne Roma, –
  slå dem med skræk som vandrestjernens ris!
  I stolte uslinger, – I skal erfare,
  I har ej knækket mig, var end en stund
  min kraft af kampens hede sløvet!

FURIA. Hør mig!
  Hvad skæbnen vil, – hvad mørkets stærke magter
  bestemmer over os, vi lyde må.
  Nu vel! Mit had er borte; – skæbnen bød det;
  det måtte være så. – Ræk mig din hånd
  til evigt forbund! – Ah, hvi nøler du?
  Du vil ej?

CATILINA. Vil –? Jeg ser på dine øjne.
  De gløder, – lynet lig i nattens mulm.

Nu smilte du! Ah, sådan har jeg tænkt
mig Nemesis –
FURIA. Hvad? Vil du hende se, –
se ind i dig. Har du forglemt din ed?
CATILINA. Jeg mindes den; – og dog en hævnerinde
du tykkes mig –
FURIA. Jeg er et billed jo
udaf din egen sjæl.
CATILINA *(grublende)*. Hvad siger du?
Jeg aner uklart, hvad jeg ej kan fatte;
jeg skimter gådefulde tåge-syner, –
men kan ej tyde dem. Her er for mørkt.
FURIA. Mørkt må her være. Mørket er vort rige; –
i mørket hersker vi. Kom; ræk mig hånden
til evigt forbund!
CATILINA *(vildt)*. Skønne Nemesis, –
min skygge, – billed af min egen sjæl. –
her er min hånd til mørkt og evigt forbund!
(han griber med heftighed hendes hånd; hun ser på ham med et stivt smil.)
FURIA. Nu kan vi aldrig skilles!
CATILINA. Ah, som ild
dit håndtryk foer igennem mine årer!
Her ruller blod ej mer, men hede flammer; –
for trangt det vorder mig om brystets hvælv;
det mørkner for mit syn! Nu skal der spredes
et ildhavs lysning over Romer-staden!
(han drager sit sværd og svinger det.)
Mit sværd; mit sværd! Ah, ser du, hvor det blinker?
Snart skal det farves i det lunkne blod! –
Hvad foregår med mig? Min pande brænder;

en hær af syner jager mig forbi. –
Hævn er det, sejr og liv for alle drømme
om storhed, herskermagt og evigt navn.
Mit feltråb vorder: død og røde flammer!
Mod Kapitol! Nu er jeg først mig selv!
(han styrter ud; Furia følger ham.)

(Det indre af en svagt oplyst taverne.)
(Statilius, Gabinius, Coeparius, tilligemed flere unge Romere kommer ind.)

STATILIUS. Her, venner, kan vi drive natten bort;
her er vi sikkre; ingen hører os.
GABINIUS. Ja visst; nu vil vi drikke, svire, nyde!
Hvo véd, hvorlænge det blir os forundt?
COEPARIUS. Nej, lad os vente først det budskab, som
af Lentulus og af Cethegus bringes.
GABINIUS. Ej, lad dem bringe hvilket bud de vil!
Der bringes vin; den prøver vi imens.
Rask, brødre, – stem nu i en lystig sang!
(Tjenere kommer med vinkander og bægre.)
ALLE VENNERNE *(synger).*

Bacchus vi hylder!
glade vi fylder
bægret til randen,
drikker hans pris!
Saften, den røde,
lifligt lad gløde.
Alle vi ynder
vingudens drik.

Venligt tilsmiler

os fader Liber;
rusen os vinker;
druen er klar.
Kom, lad os nyde!
Vinen kan fryde,
stemme til glæde
tanker og sind.

Du dog for alle
blinkende perler,
klare Falerner,
herlige drik!
Modet du liver;
kraft du os giver;
munterhed sænker
du i vor sjæl.

Bacchus vi hylder!
Glade vi fylder
bægret til randen,
drikker hans pris!
Saften, den røde,
lifligt lad gløde!
Alle vi ynder
vingudens drik!

(Lentulus og Cethegus kommer ind.)
LENTULUS. Hold op med sang og lystighed!
STATILIUS. Hvad nu?
    Er Catilina ej i eders følge?
GABINIUS. Han var dog villig vel?
COEPARIUS. Hvad har han svaret?

Sig frem; fortæl os alt!
CETHEGUS. Hel anderledes,
end vi os tænkte, lød hans svar.
GABINIUS. Nu da?
LENTULUS. Han viste fra sig alle vore tilbud; –
om vore anslag vil han intet høre.
STATILIUS. Er dette sandhed?
COEPARIUS. Hvorfor vil han ikke?
LENTULUS. Han vil ej, kort og godt. Han svigter os;
forlader vennerne, – forlader staden.
STATILIUS. Forlader, siger du?
CETHEGUS. Han drager bort
i denne nat. Nu, – dadles kan han ej;
hans grund var gyldig –
LENTULUS. Fejghed var hans grund!
I farens time svigter han os troløst.
GABINIUS. Ah, *det* er Catilinas venskab!
COEPARIUS. Nej; –
troløs og fejg var aldrig Catilina!
LENTULUS. Og dog, han drager bort.
STATILIUS. Med ham vort håb.
Hvor findes nu den mand, som kan os lede?
COEPARIUS. Han findes ej; opgives må vort anslag.
LENTULUS. End ikke, venner! Hør nu først, hvad jeg
om sagen tænker. Hvad har vi besluttet?
Med væbnet hånd at ville vinde, hvad
en uretfærdig skæbne nægted os.
Man undertrykker os; – men vi vil herske.
Vi lider mangel; – rigdom er vort mål.
MANGE STEMMER. Ja. magt og rigdom! Vi vil magt og rigdom!
LENTULUS. Nu vel; – til fører valgte vi en ven,

på hvem, vi mente, trygt vi turde bygge.
Han sveg vor tillid; vender faren ryggen.
Ah, venner, – ej forsagt! Han skal erfare,
vi kan os hjælpe uden ham. Hvad kræves?
Ej andet, end en mand med mod og fasthed,
som går i spidsen –

NOGLE. Nævn os slig en mand!

LENTULUS. Og hvis jeg nævner ham, og han står frem. –
vil I så kåre ham til eders fører?

NOGLE. Ja, vi vil kåre ham!

ANDRE. Ja, ja; det vil vi!

STATILIUS. Så nævn ham, ven!

LENTULUS. Hvad om det var mig selv?

GABINIUS. Dig selv?

COEPARIUS. Du, Lentulus –!

FLERE *(tvivlende)*. Du vil os føre?

LENTULUS. Jeg vil.

CETHEGUS. Formår du det? Se, dertil fordres
en Catilinas kraft og vilde mod.

LENTULUS. Ej fattes modet mig; ej heller kraft.
Kun hånd på værket! Eller vil I træde
tilbage nu, da øjeblikket maner?
Nu eller aldrig! Alting tyder på
et heldigt udfald –

STATILIUS. Godt; – vi følger dig!

FLERE. Vi følger dig!

GABINIUS. Nu ja, – når Catilina
forlader os, er du vel nærmest til
at tage styret efter ham.

LENTULUS. Så hør,
hvad fremgangsmåde jeg har tænkt mig. Først –

(*Catilina kommer ilsomt ind.*)

CATILINA. Her er jeg, venner!

ALLE. Catilina!

LENTULUS *(afsides).* Han!
Fordømt –

CATILINA. Sig frem, – hvad fordrer I af mig?
Dog nej; jeg véd jo, hvad der handles om.
Jeg vil jer føre. Vil I følge mig?

ALLE *(undtagen Lentulus).* Ja, Catilina, ja, – dig vil vi følge!

STATILIUS. Man har bedraget os –

GABINIUS. – har løjet på dig!

COEPARIUS. Man har fortalt, du vilde rejse bort
og slippe sagen ud af dine hænder.

CATILINA. Jeg vilde så. Dog, nu ej mer; nu lever
jeg kun for dette ene store formål.

LENTULUS. Men hvilket er dit formål da igrunden?

CATILINA. Mit formål ligger højere, end du –
og måske nogen – aner. Hør mig, venner!
Først vil jeg vinde for vor sag hver borger
med frihedssind, der sætter folkets hæder
og fædrelandets velfærd over alt.
Den gamle Romer-ånd er end ilive; –
dens sidste Gnist er ikke ganske slukket.
Nu skal den pustes op til klare flammer,
så lysende, som aldrig før de steg.
Ak, altfor længe lå et trældomsmørke,
så sort som natten, over Roma spredt.
Se, dette rige – om end stolt og mægtigt
det synes – vakler og står brat for fald.
Thi må en kraftig hånd dets tøjler tage;
her renses må, og ryddes op fra grunden;

af søvnen må det sløve samfund vækkes;
tilintetgøres må de usles magt,
der strør sin gift i sindene og kvæler
den sidste mulighed for nyskabt liv.
Se, – borgerfrihed er det, jeg vil fremme, –
og borgerånd, som den i fordums tid
har rådet her. Tilbage vil jeg mane
den gyldne alder, da hver Romer glad
gav livet hen for fædrelandets hæder,
og offred gods og arv for folkets lykke!

LENTULUS. Du sværmer, Catilina! Det var ikke
sådan vi mente det.

GABINIUS. Hvad nytter os
at genoprette hine gamle tider
med deres tåbelige enfold?

NOGLE. Nej!
Magt fordrer vi –

ANDRE. – og midler til at føre
et frit og sorgløst liv!

MANGE STEMMER. Ja, det er målet!

COEPARIUS. Skal vi for andres frihed eller lykke
vel sætte livet på et tærningkast?

HELE SKAREN. Selv vil vi sejrens frugter!

CATILINA. Usle slægt!
Er I en afkom af de store fædre?
At dynge skændsel over fædrenavnet
er eders vis at værne om dets glans!

LENTULUS. Du vover os at håne, – du, som længst
et skrækkebilled var –

CATILINA. Ja, det er sandt;
jeg var en rædsel for den gode; dog,

så usel var jeg aldrig end, som I!
Lentulus. Tæm tungen nu! Vi tåler ej din spot.
Flere. Nej, nej, – vi vil ej –
Catilina *(rolig)*. Så? I fejgheds yngel, –
I vover end at ville noget, I?
Lentulus. Ah, ned med ham!
Mange stemmer. Ja, ned med Catilina!
(de drager sine dolke og styrter ind på ham; Catilina trækker kappen roligt bort fra brystet og betragter dem med et koldt hånsmil; de lader dolkene synke.)
Catilina. Stød til? I vover ej? O, venner, venner, –
jeg skulde agte jer, ifald I bored
det åbne bryst igennem, som I truer.
Er ej en gnist af mod da i jer længer?
Nogle. Han vil vort vel
Andre. Vi har hans hån fortjent.
Catilina. Det har I. – Dog – se, nu er timen kommen
da I kan slette skændsels-mærket ud.
Alt, hvad der ligger bag os, vil vi glemme; –
en ny tilværelse os vinker nær.
(med bitterhed.)
Jeg dåre! Håbe, – tro på sejr ved eder!
Er sejrens ånd i denne sunkne skare?
(henreven.)
Skønt har jeg engang drømt, og store syner
foer gennem mig og drog mit blik forbi.
Jeg drømte at, som Ikarus, jeg højt
opunder himlens hvælv bevinget fløj;
jeg drømte, guderne min hånd forlened
med kæmpekraft og bød mig lynets stråle.
Og denne hånd greb lynet i dets flugt

og slynged det mod staden dybt dernede.
Og da de røde flammer steg og slikked,
og Roma sank i brune resters støv, –
da råbte jeg med høj og vældig røst,
og maned Catos frænder op af graven;
og tusend ånder kom og fulgte kaldet, –
tog liv – og rejste Roma af sin aske.
(afbrydende.)
Det var kun drømme. Ingen guder maner
forgangenheden op i dagens lys, –
og fortids ånder stiger ej af graven.
(vildt.)
Nu vel; kan ej det *gamle* Roma rejses
ved denne hånd, – *vort* Roma skal forgå!
Snart skal, hvor marmorsøjler står i rader,
røgsøjler hvirvle mellem luers brag;
palatser, templer styrte skal i grus,
og Kapitol skal vejres fra sin højde!
Sværg, venner, at I vier eder ind
til denne dåd! Jeg stiller mig i spidsen.
Sig, – vil I følge mig?

STATILIUS. Vi vil dig følge!

(Flere af de øvrige synes tvivlrådige og taler hviskende sammen. Catilina betragter dem med et hånligt smil.)

LENTULUS *(dæmpet).* Bedst, at vi følger ham. Blandt sunkne rester
vi finder lettest, hvad der var vort mål.

ALLE *(råbende).* Ja, Catilina, vi vil følge dig!

CATILINA. Så sværg mig til ved vore fædres guder
at I vil lystre hvert mit vink!

HELE SKAREN *(med oprakte hænder).* Ja, ja;
højt sværger vi, i alt at lystre blindt!

CATILINA. Så snig jer enkeltvis, ad delte veje,
   ind i mit hus. Der vil I finde våben.
   Jeg kommer efter; I skal få at vide,
   hvad fremgangsmåde jeg har valgt. Gå nu!
   (De går alle ud.)
LENTULUS *(holder Catilina tilbage).* Et ord i hast! Véd du, at til senatet
   har Allebroger-folket skikket mænd
   med klager og besværinger?
CATILINA. Jeg véd det.
   De kom idag til staden.
LENTULUS. Ganske rigtigt.
   Hvad, – om vi stemte dem for vore anslag?
   Med dem vil hele Gallien rejse sig
   og hvirvle op en storm mod vore fiender.
CATILINA *(uvillig).* Vi skulde søge forbund med barbarer?
LENTULUS. Et sådant forbund er nødvendigt for os.
   Ved egne kræfter vindes sejren ej;
   hjælp udenfra –
CATILINA *(smiler bittert).* Ak, dybt er Romas fald!
   Dets mure rummer ikke mænd med kræfter
   at styrte selv en vaklende ruin.
   (de går ud.)

(En have bag Catilinas hus, der skimtes mellem træerne. Til venstre en sidebygning.)
(Curius, Cethegus og flere af de sammensvorne kommer forsigtigt ind fra højre under en hviskende samtale.)
CURIUS. Men er det også sandt, hvad du fortæller?
CETHEGUS. Hvert ord er sandt. I dette øjeblik
   blev sagen afgjort.

CURIUS. Og han leder alt?
CETHEGUS. Han står for alting. Tal kun med ham selv.
(De går alle, med undtagelse af Curius, ind i huset.)
CURIUS. En sælsom nat! Hvor mine tanker tumles
i kredse rundt! Mon jeg har drømt det hele?
Oplevet eller drømt, – jeg vågen ser,
hvorhen jeg vender mig, kun hendes billed.
(Catilina kommer ind fra højre.)
CATILINA *(hen imod ham).* Du her, min Curius? Jeg har dig savnet. –
Et helt uventet udfald fik mit møde
med vestalinden –
CURIUS *(forvirret).* Så? Ja, du har ret!
CATILINA. Jeg vil ej tænke mer på denne sag.
Det var et skæbnesvangert møde for mig.
(grublende.)
Man siger jo, at furierne kommer
fra underverdnen for at følge os
igennem livet. – Ah, hvis så det var!
CURIUS *(urolig).* Hvad? Har du mødt –?
CATILINA. Hun var her selv inat. –
Dog, lad det være glemt. Hør, Curius, –
et vigtigt foretagende beredes –
CURIUS. Jeg kender det. Cethegus har fortalt –
CATILINA. Hvo véd, hvad udgang guderne har sat
for dette værk? Måske min skæbne bliver
at knuses undervejs af hadske magter –
og aldrig målet nå. Nu, lad så være!
Men du, min Curius, hvem jeg har elsket
fra du var barn, – du skal ej drages ind
i farens hvirvel. Lov mig, – bliv tilbage
i staden, hvis jeg vælger at forlægge

mit angreb andetsteds, – hvad vel er muligt;
og støt os ej før fremgang kroner værket.

Curius *(bevæget)*. Min faderlige ven! O, denne omsorg –!

Catilina. Du lover det? Her vil vi afsked tage;
vent blot et øjeblik; jeg kommer snart.
(han går ind i huset.)

Curius *(ser efter ham)*. Han elsker mig som før. Han aner intet.
(Lentulus og andre sammensvorne kommer fra højre.)

Lentulus. Hør, Curius, gik ikke Catilina
nys gennem haven?

Curius. Jo, han er derinde.
(De går ind i huset.)

Curius *(går urolig omkring)*. Hvorledes skal jeg dæmpe denne
længsel?
En rastløs uro gærer i mit blod.
Ah, Furia, – forunderlige kvinde!
Hvor er du nu? Når skal jeg atter se dig? –
Hvor blev hun af? Bort gled hun, som en skygge,
da jeg af graven havde friet hende.
Og hine dunkle gådefulde ord, –
og øjet, slukt og skinnende på engang –?
Hvad, om det vanvid var? Har gravens gru
formørket hendes sjæl –?

Furia *(bag ham, mellem træerne)*. Nej, blege yngling!

Curius *(med et skrig)*. Min Furia! Her –?

Furia *(nærmer sig)*. Her færdes Catilina.
Hvor *han* er, – der må Furia også være.

Curius. O, følg mig, elskte! Jeg vil bringe dig
i sikkerhed. Betænk – om nogen så dig –!

Furia. De døde frygter ej. Har du forglemt –
du tog mit lig og bar det op af graven?

CURIUS. Igen de rædselsfulde ord! O, hør; –
kom til dig selv, – og følg mig, Furia!
(vil gribe hendes hånd.)
FURIA *(støder ham vildt tilbage).* Forvovne dåre, – føler du ej gru
for dødens datter, som er stegen op
fra underverdnen for en flygtig stund?
CURIUS. Jeg føler gru for dig. Men denne gru,
den underfulde gysning, er min lyst.
FURIA. Hvad vil du mig? Forgæves er din tale.
Jeg hører graven til; hist er mit hjem; –
jeg er en flygtning fra de dødes dale;
med dagens komme må jeg ned til dem.
Du tror mig ikke? Tror ej, jeg har siddet
i Plutos sal imellem blege skygger?
Jeg siger dig, – jeg var der ganske nylig, –
hinsides floden og de sorte sumpe.
CURIUS. Så før mig did!
FURIA. Dig?
CURIUS. Ja; – jeg følger villig,
går selv din vej igennem dødens nat!
FURIA. Det kan ej ske. Heroppe må vi skilles; –
hist tør ej lig og levende gå sammen. –
Hvi røver du min tid, der er så kort?
Jeg har kun mørkets timer til at handle;
mit værk er mørkets; jeg er mørkets bud. –
Men hvor er Catilina?
CURIUS. Ham du søger?
FURIA. Ham søger jeg.
CURIUS. Forfølger du ham endnu?
FURIA. Hvi stod inat jeg op ifra de døde,
hvis ej det var for Catilinas skyld?

CURIUS. Ah, dette vanvid, som har grebet dig –!
>Dog, du er skøn midt i din vilde sværmen.
>O, tænk ej mer på Catilina nu!
>Følg mig! Byd over mig; jeg vil dig tjene!
>*(kaster sig ned for hende.)*
>Her trygler jeg som slaven for din fod
>kun om et blik! O, hør mig, Furia!
>Jeg elsker dig! En sød og giftfuld ild
>fortærer mig, og ingen uden du
>kan lindre mine kvaler –

FURIA *(ser mod huset)*. Hist er lys –
>og mange mænd. Hvad foregår derinde
>hos Catilina?

CURIUS *(springer op)*. Atter dette navn!
>Om ham sig drejer alle dine tanker.
>Jeg kunde hade ham –!

FURIA. Har han besluttet
>at sætte snart iværk det djærve forsæt,
>han længe næred?

CURIUS. Kender du –?

FURIA. Det hele.

CURIUS. Så véd du da vel og at han har stillet
>sig forrest i det vovelige forbund?
>Dog, jeg besværger dig, spørg ikke mere
>om Catilina!

FURIA. Svar mig kun på *et;* –
>det er mit sidste spørgsmål. Går du med ham?

CURIUS. Han er mig som en kærlig fader –

FURIA *(smilende)*. Han?
>Min Catilina?

CURIUS. Ah!

FURIA. Den mand, om hvem
    min tanke kredser?
CURIUS. Svimmel griber mig!
    Jeg hader –! O, jeg kunde myrde ham!
FURIA. Svor du mig ikke nylig til, du var
    beredt at lyde mig?
CURIUS. Kræv, hvad du vil;
    jeg lyder blindt, og tjener dig i alt!
    Kun er min bøn til dig, – glem Catilina!
FURIA. Ja, jeg skal glemme ham – når han er stegen
    ned i sin grav.
CURIUS *(viger tilbage)*. Ah, kræver du at jeg –?
FURIA. Du skal ej bruge stål; du skal kun røbe
    hans foretagende –
CURIUS. Forræderi
    og mord på engang! Husk dog at han er
    min fosterfader og –
FURIA. – min tankes mål!
    Ah, svage dåre, – vover du at tale
    om elskov, – du, som ej har mod at styrte,
    hvo dig ivejen står? Gå fra mig!
    (hun vender ham ryggen.)
CURIUS *(holder hende tilbage)*. Nej; –
    forlad mig ikke! Jeg til alt er villig! –
    En rædsel isner mig fra dig imøde;
    og dog jeg kan ej sprænge dette næt,
    hvori du hilded mig.
FURIA. Så er du villig?
CURIUS. Hvi håner du mig med at spørge så?
    Om jeg er villig? Har jeg nogen vilje?
    Dit blik er slangens ligt, når det sig fæster

>   med trolddomsmagt på fuglen, der i angst
>   omflagrer den i kredse, altid mere
>   og mere nær det frygtelige svælg.

FURIA. Så gå til værket!

CURIUS. Og når jeg har offret
>   mit venskab for min kærlighed, – hvad da?

FURIA. Da har jeg glemt at Catilina var.
>   Da er mit hverv tilende. Kræv ej mere!

CURIUS. For denne pris jeg skulde –?

FURIA. Nøler du?
>   Er da dit håb så svagt, at ej det bygger
>   på, hvad en taksom kvinde skænke kan,
>   når tiden først –?

CURIUS. Ved alle nattens magter, –
>   jeg nøler ej! Han ene skiller os.
>   Så lad ham falde! Slukt er hver en gnist
>   af ømhed for ham; alle bånd er brustne! –
>   Hvo er du, skønne nattesyn? Din nærhed
>   forstener og fortærer mig på engang.
>   Min længsel isner mig, – min skræk mig ildner;
>   min elskov er som had med trolddom blandet.
>   Hvo er jeg selv? Jeg kender mig ej mere.
>   *Et* véd jeg kun: jeg er ej den, jeg var
>   før dig jeg så. Glad springer jeg i dybet
>   for dig at følge! – Dømt er Catilina!
>   Jeg går til Kapitol. I denne nat
>   senatet samlet er. En skreven strimmel
>   forråder Catilinas værk. – Lev vel!
>   *(han går ilsomt ud.)*

FURIA *(for sig selv).* Alt tårner skyer sig; snart lynet knittrer.
>   Det lakker brat mod enden, Catilina; –

med store skridt du går imod din grav!

(Allebrogernes udsendinger, Ambiorix og Ollovico kommer ud fra huset uden at bemærke Furia, der står halvt skjult i skyggen inde mellem træerne.)

AMBIORIX. Så er det da besluttet. Vovsomt var det
at knytte sig til dette forbund.

OLLOVICO. Ja;
men rådets afslag på hvert billigt krav
lod ingen anden vej til redning åben;
og sejrens løn, – hvis vore venner sejrer, –
opvejer vel den farefulde dyst,
der snart os venter nu.

AMBIORIX. Så er det, broder!

OLLOVICO. Løsrivelse fra Romas herrevælde, –
vor tabte frihed, er vel værd en kamp.

AMBIORIX. Ad kortest vej vi haste må til hjemmet;
i hele Gallien må vi oprør tænde.
Let ægges alle stammer der til rejsning
mod undertrykkerne, og følger os,
og slutter sig til Catilinas skarer.

OLLOVICO. Hård bliver kampen. End er Roma mægtigt.

AMBIORIX. Det voves må. Afsted, Ollovico!

FURIA *(råber advarende til dem)*. Ve over eder!

AMBIORIX *(farer sammen)*. Alle guder!

OLLOVICO *(forfærdet)*. Hør!
En stemme varsler os i nattens mørke!

FURIA. Ve over eders folk!

OLLOVICO. Hist står hun, broder, –
den blege varselsfulde skygge; se!

FURIA. Ve over dem, der følger Catilina!

AMBIORIX. Hjem; hjem! På flugt! Vi bryder alle løfter.

OLLOVICO. En røst har varslet os; vi lyder røsten.
(de går hurtigt ud til højre.)
(Catilina kommer ud fra huset i baggrunden.)
CATILINA. Fortvivlet håb – at ville styrte Roma
med denne skare nidinger og fejge!
Hvad driver dem? De vedgår det med frækhed, –
kun nød og rovlyst driver dem til handling.
Er det vel møjen værd, for slige formål
at øde blod? Hvad har da jeg at vinde?
Hvad at erhverve mig?
FURIA *(usynlig bag træerne).* Hævn, Catilina!
CATILINA *(farer sammen).* Hvo talte der! Hvo vækker hævnens
ånder
af søvnen op? Kom denne røst ifra
mit eget indre? Hævn? Ja, det er ordet, –
mit løsen og mit krigs-skrig! Blodig hævn!
Hævn over alle håb og alle drømme,
som mig en fiendtligsindet skæbne knuste!
Hævn for mit hele sønderbrudte liv!
(De sammensvorne kommer bevæbnede ud fra huset.)
LENTULUS. End ruger nattemørket over staden;
nu er det tid at bryde op.
FLERE *(hviskende).* Afsted!
(Aurelia kommer ud fra sidebygningen, uden at bemærke de sammensvorne.)
AURELIA Min elskte, – er du her?
CATILINA *(med et skrig).* Aurelia!
AURELIA. Sig, – har du ventet på mig?
(får øje på de sammensvorne og iler hen til ham.)
Milde guder!
CATILINA *(støder hende tilside).* Bort fra mig, kvinde!

AURELIA. Catilina, – tal!
    De mange mænd i våben –? Også du –?
    O, du vil drage –
CATILINA *(vildt).* Ja, ved mørkets ånder, –
    en lystig færd! Ser du, hvor sværdet blinker?
    Hedt tørster det; jeg går – at stille tørsten.
AURELIA. Mit håb, – min drøm! Livsalig var min drøm!
    Og sådan vækkes jeg af drømmen –
CATILINA. Ti!
    Bliv, – eller følg os! Lukket er mit bryst
    for gråd og klage. – Venner, se, hvor lyst
    fuldmånen i sin nedgang nu forsvinder!
    Når næste gang den fuld i østen rinder,
    skal flammers stormflod vælte sig med magt
    udover staden og dens gyldne pragt.
    Og når om tusend år den atter skinner
    på Latiums ørk blandt smuldrende ruiner, –
    en enlig støtte skal i gruset stå
    og sige vandreren: her Roma lå!
    (Han iler ud til højre; alle følger ham.)

TREDJE AKT

(Catilinas lejr i en skovrig egn i Etrurien. Til højre ses Catilinas telt og ved siden af dette et gammelt egetræ. Udenfor teltet brænder en vagtild. Flere lignende skimtes mellem træerne i baggrunden. Det er nat. Månen bryder undertiden frem gennem skyerne.)
(Statilius ligger sovende ved vagtilden. Manlius går frem og tilbage udenfor teltet.)

MANLIUS. Det ligner dem, de unge lette fugle.
 Der sover de så roligt og så fast,
 som var det moder-skødets trygge værn,
 der dækked dem, og ej en vildsom skov.
 De hviler sig, som om de vented på
 at skulle vækkes til en munter leg
 og ej til kamp, – måske den allersidste,
 de får at kæmpe her.
STATILIUS *(vågner og rejser sig)*. Endnu på vagt?
 Du er vel træt? Nu løser jeg dig af.
MANLIUS. Sov heller selv. Den unge trænger til
 en kvægsom søvn; hans vilde lidenskaber
 behøver kræfter. Anderledes er det
 når håret gråner, blodet rinder mat
 og alderdommen tynger vore skuldre.
STATILIUS. Ja, du har ret; så vil jeg og engang
 som gammel hærdet kriger –
MANLIUS. Véd du da
 så visst, at skæbnen har for dig bestemt
 en alderdom?

STATILIUS. Nu hvorfor ikke det?
	Hvad bringer dig på disse anelser?
	Er noget uheld hændt?
MANLIUS. Du mener vel,
	vi intet har at frygte, unge dåre?
STATILIUS. Vor hær er stærkt forøget –
MANLIUS. Såre stærkt, –
	med rømte slaver og med fægtere –
STATILIUS. Nu, lad så være; samlet virker de
	ej ubetydeligt, og hele Gallien
	vil sende hjælp –
MANLIUS. – som endnu ej er kommen.
STATILIUS. Du tvivler på at Allebrogerne
	vil holde ord?
MANLIUS. Jeg kender disse folk
	fra fordums tid. Dog, lad det være godt.
	Den dag, som kommer, vil vel åbenbare,
	hvad guderne har over os besluttet.
	Men gå, Statilius, og efterse
	om alle vagter gør sin skyldighed.
	Mod natligt overfald vi må os sikkre;
	vi véd jo ej, hvor vore fiender står.
	(Statilius går ind i skoven.)
MANLIUS *(alene ved vagtilden)*. Nu samler skyerne sig mer og mer;
	det er en mørk og uvejrssvanger nat; –
	en fugtig tåge klemmer mig om brystet,
	som om den varsled uheld for os alle.
	Hvor er det nu, det lette sorgfri sind,
	hvormed jeg fordum tumled mig i krigen?
	Mon det er alderdommens byrde blot,
	som jeg fornemmer? Sælsomt nok, – iaftes

mig tyktes selv de unge sært forstemte.
(efter et ophold.)
Nu, guderne skal vide, hævn var ej
det mål, hvorfor jeg fulgte Catilina.
Min harme blussed op en flygtig stund,
da jeg mig følte forurettet, krænket; –
det gamle blod er end ej ganske koldt;
tidt kan det rulle hedt nok gennem åren.
Men krænkelsen er glemt. Jeg fulgte ham,
min Catilina, for hans egen skyld;
og jeg skal våge over ham med omhu.
Her står han ensom mellem disse skarer
af vilde venner og af usle skurke.
De mægter ej at fatte ham, – og han
er altfor stolt til dem at ville fatte.
(han lægger nogle kviste på ilden og bliver stående i taushed.)
(Catilina kommer ud fra teltet.)
CATILINA *(for sig selv).* Det er mod midnat. Alting er så tyst; –
kun på mit øje vil ej søvnen dvæle.
Koldt blæser vinden; den skal kvæge mig
og skænke kræfter –. Ah, de trænges til!
(bemærker Manlius.)
Dig er det, gamle Manlius? Du våger
alene her den mørke nat?
MANLIUS. Jeg har,
da du var barn, bevogtet dig så tidt.
Sig, mindes du det ej?
CATILINA. Den tid er borte;
med den min ro; og hvorsomhelst jeg går,
forfølges jeg af mangehånde syner.
Alt, Manlius, – alt huses i mit bryst; –

kun ikke freden. Den er i det fjerne.
MANLIUS. Forjag de sørgelige tanker. Hvil dig!
Husk på at morgendagen kræve tør
din fulde kraft i kamp for alles frelse.
CATILINA. Jeg kan ej hvile. Lukker jeg mit øje
for i en flygtig blund at finde glemsel,
da tumles jeg i underlige drømme.
Så lå jeg nys på lejet, halvt i slummer,
da trådte atter disse syner frem,
mer sært, end nogensinde, – mer forblommet
og gådefuldt. – Ah, hvis jeg fatted kun
hvad dette varsler mig! Men, nej –
MANLIUS. Betro mig
din drøm; måske jeg kunde tyde den.
CATILINA *(efter et ophold)*. Om jeg slumred eller våged, véd jeg ikke visst;
tusend tanker jog hinanden uden ro og rist.
Se, da lægger sig omkring mig mulm og skumring brat;
og sin brede vinge sænker i min sjæl en nat,
kun af lynblink gennemkrydset, mørk og rædselsfuld;

og jeg ser mig i en hvælving, klam som gravens muld.
Højt er taget, ligt en himmel, tordenskybelagt;
skyggers skarer, skyggers vrimmel, ånders vilde jagt,
hvirvler sig forbi og suser, som når havets bryst
drager stormens vejr og knuses mod en stenet kyst.
Dog, midt i den vilde vrimmel titter stundom frem
blomstersmykte børn og synger om et halvglemt hjem.

Rundt omkring dem viger mørket for en lysning
klar, –
og i rummets midte skimter jeg et ensomt par;
tvende kvinder, – stræng den ene og som natten
sort, –
og den anden mild, som dagen, når den flygter bort.
Ah, hvor sælsomt velbekendte tyktes mig de to!
Snart den enes smil mig vugged i en salig ro;
snart den andens hvasse øjne gnistred som et lyn;
skræk mig greb, – og dog jeg fulgte gerne dette
syn.
Stolt og oprejst står den ene, og den anden lænes til
bordet, hvor de tykkes spille et forborgent brikkespil.

Brikker bytter de og flytter om fra sted til sted; –
da er spillet tabt og vundet, og i jorden synker ned
hun, som spillet tabte, kvinden med det lyse smil;
og de smykte børneklynger viger bort med il.
Larmen stiger; mørket vokser; men fra mulmets skød
fæster sig på mig to øjne som i sejers-glød;
svimmel griber mig; de blanke øjne ser jeg kun.
Men hvad mer jeg drømte siden i min feberblund
ligger under glemsels-dækket i mit indre gemt.
Kunde jeg blot resten mindes. Ak, det er forglemt!

Manlius Forunderlig isandhed, Catilina,
    er denne drøm.

Catilina *(grublende)*. Hvis blot jeg kunde mindes –.
    Men nej; det lykkes ikke –

Manlius Ængst dig ej
    med disse tanker. Hvad er drømme vel?

       Indbildninger og tomme hjernespind,
       betydningsløse, uden grund og mening.
CATILINA. Ja, du har ret; jeg vil ej gruble mere; –
       nu er jeg rolig. Gå kun, Manlius;
       hvil dig en stund. Jeg vandrer her imens
       i enrum med mig selv og mine anslag.
       (Manlius går ind i skoven.)
CATILINA *(går en tidlang op og ned ved vagtilden, der er ifærd med*
      at slukkes; derpå standser han og siger tankefuld:)
       Hvis blot jeg kunde –. Ah, det er umandigt
       at ængstes og at gruble over sligt.
       Og dog, – i denne tause midnatstime,
       i denne ensomhed, mig træder atter
       så levende for øje, hvad jeg drømte –
       (Et skyggebillede, i lignelse af en olding i rustning og toga, skyder
      ligesom op af jorden et stykke fra ham inde mellem træerne.)
CATILINA *(viger tilbage for skyggen)*. I guders magt –!
SKYGGEN Vær hilset, Catilina!
CATILINA Hvad vil du mig? Hvo er du, blege skygge?
SKYGGEN Vent! Jeg har retten til at spørge her, –
       og du skal svare. Kender du ej mere
       fra længst forsvundne tider denne røst?
CATILINA Så tykkes mig; dog véd jeg ikke visst –.
       Men sig, – hvem søger du i midnatstimen?
SKYGGEN Dig søger jeg. Vid, denne time kun
       er mig forundt til vandringsfrist heroppe.
CATILINA. Ved alle guder, tal! Hvo er du?
SKYGGEN. Stille!
       Jeg kommer hid at kræve dig til regnskab.
       Hvi under du mig ikke gravens fred?
       Hvi driver du mig op af dødens bolig?

Hvi bryder du min glemsel og min hvile,
så jeg må søge dig med truslers hvisken
og værne om min dyrekøbte hæder?
CATILINA. Ah, denne røst –! Jeg aner og jeg mindes –
SKYGGEN. Hvad er tilovers af min herskermagt?
En skygge som jeg selv; ja, knapt en skygge.
Vi begge sank i grav – og blev til intet.
Dyrt købtes den; dyrt, dyrt var den erhvervet.
Den havde kostet mig min ro i livet;
på fred i graven gav for den jeg afkald.
Og nu vil du med en forvoven hånd
frarive mig, hvad end jeg har tilbage!
Er der ej veje nok til store værker?
Hvi vælger du just den, som jeg har valgt?
Min magt nedlagde jeg i livet alt.
Mit navn, – så tænkte jeg, – skal evigt stå,
ej venligt glimtende som stjernens øje, –
nej, som et lyn på nattehimlen fæstet!
Ej vilde jeg, som hundreder før mig,
ved ædelsind og milde dyder mindes;
ej vilde jeg beundres; – denne lodd
blev alt såmangens og vil blive det
til tidens ende. Nej, af blod og rædsel
jeg vilde bygge mig mit eftermæle!
I stum forfærdelse, som mod et luftsyn,
der viser sig og svinder, lig en gåde, –
man skulde stirre på min færd tilbage
og skotte op mod mig, hvem aldrig nogen, –
ej før, ej siden, – vovede at nå! –
Således drømte jeg, – og blev bedragen.
Du stod mig nær; hvi aned det mig ikke,

hvad sæd der spired lønligt i din sjæl?
   Dog, vogt dig, Catilina; vid, jeg skimter
   igennem fremtids-dækket, hvad det dølger;
   blandt stjerner skrevet – læser jeg din skæbne!
CATILINA. Min skæbne læser du? Så tyd den da!
SKYGGEN. Nej, først bag dødens dunkle port
   forsvinder dæmringen, som hylles
   omkring hvad grufuldt og hvad stort
   af fremtids-bølgerne bortskylles.
   Kun dette tør en frigjort ånd
   ud af din skæbnes bog dig melde:
   Du falder for din egen hånd, –
   og dog en fremmed skal dig fælde!
   (Åndeskikkelsen glider bort, som i en tåge.)
CATILINA *(efter et ophold)*. Han er forsvunden. Var det kun en
   drøm?
   Nej, nej; her stod han; månestrålen strejfed
   hans gustne ansigt. Ah, jeg kendte ham!
   Det var diktatoren, den gamle blodmand,
   som steg af graven for at skrække mig.
   Han frygted for at miste sejrens krone, –
   ej hæders-kransen, men det rædsels-ry,
   hvori hans minde lever. Ægges da
   blodløse skygger selv af æres-håbet?
   (går urolig op og ned.)
   Alt stormer ind på mig. Snart taler blidt
   advarende Aurelia, – og atter
   genlyder i mig Furias manings-råb.
   Og mer end dette; – frem af graven stiger
   de blege skygger fra den svundne tid.
   De truer mig. Jeg skulde standse her?

Jeg skulde vende om? Nej, jeg vil skride
kækt mod mit mål; – snart står jeg sejrrig der!
(Curius kommer gennem skoven i heftig bevægelse.)
CURIUS. O, Catilina –!
CATILINA *(overrasket)*. Du, – du her, min ven?
CURIUS. Jeg måtte –
CATILINA. Hvorfor blev du ej i staden?
CURIUS. Mig angsten drev; jeg måtte søge dig.
CATILINA. For min skyld styrter du dig blindt i faren?
Letsindige! Dog, kom i mine arme!
(vil omfavne ham.)
CURIUS *(viger tilbage)*. Rør ikke ved mig! Kom mig ikke nær!
CATILINA. Hvad fejler dig, min Curius?
CURIUS. Bryd op!
Flygt, hvis du kan, endnu i denne time!
Ad alle veje kommer fiendens hær;
din lejr omringes, Catilina!
CATILINA. Fat dig;
du taler vildt. Har rejsen rystet dig –?
CURIUS. O, nej; men frels dig mens det end er tid!
Du er forrådt –
(kaster sig ned for ham.)
CATILINA *(farer tilbage)*. Forrådt! Hvad siger du?
CURIUS. Forrådt bag venskabs maske!
CATILINA. Nu du fejler;
de vilde venner er mig tro som du.
CURIUS. O, ve dig da for dine venners troskab!
CATILINA. Kom til dig selv! Det er din kærlighed,
din omhu for min sikkerhed, som lader
dig skimte farer, hvor der ingen er.
CURIUS O, véd du vel at disse ord mig myrder?

Men flygt! Så bønligt jeg besværger dig –!

CATILINA. Fat dig og tal med overlæg. Hvi skulde
jeg flygte? Fienden véd ej, hvor jeg står.

CURIUS. Han véd, – han kender alle dine anslag!

CATILINA. Ah, raser du? Han véd –? Det er umuligt.

CURIUS. O, var det så! Men nyt den knappe stund;
end kan måske ved flugt du livet frelse!

CATILINA. Forrådt? Nej; – tifold nej; det er umuligt!

CURIUS *(griber sin dolk og rækker den imod ham)*. Der, Catilina! Stød
den i mit bryst; –
igennem hjertet! Jeg forrådte dig!

CATILINA. Du? Hvilket vanvid!

CURIUS. Ja, det var i vanvid!
Spørg ej om grunden; knapt jeg véd den selv;
men jeg har røbet alle dine anslag.

CATILINA *(smerteligt)*. Nu dræbte du min trygge tro på venskab.

CURIUS. Stød dolken i mit bryst, og pin mig ej
med skånsel længer –!

CATILINA *(mildt)*. Lev, min Curius!
Stå op! Du fejled; – jeg tilgiver dig.

CURIUS *(overvældet)*. O, Catilina, se mig sønderknust –!
Men skynd dig; flygt! Du hører jo, det haster.
Snart bryder Romer-hæren ind i lejren;
den er på vejen; den er allevegne.

CATILINA. Og vennerne i staden –?

CURIUS. De er tagne; –
en del blev fængslet, men de fleste dræbtes.

CATILINA *(hen for sig)*. O, skæbne, – skæbne!

CURIUS *(rækker atter dolken imod ham)*. Stød den i mit hjerte!

CATILINA *(ser stille på ham)*. Du var et redskab kun. Du handled
ret –

CURIUS. O, lad med livet mig udsone brøden!
CATILINA Jeg har tilgivet dig.
(idet han går.)
Nu er kun *et*
at vælge, ven!
CURIUS *(springer op)*. Ja, flugt?
CATILINA. Nej, heltedøden!
(han går bort gennem skoven.)
CURIUS. Det er forgæves! Undergang ham venter.
Ah, denne mildhed er en tifold straf!
Jeg følger ham; – *et* skal ej nægtes mig: –
at falde kæmpende ved heltens side!
(han iler ud.)
(Lentulus tilligemed to gladiatorer kommer listende frem mellem træerne.)
LENTULUS *(sagte)*. Her talte nogen –
DEN ENE GLADIATOR. Nu er alting stille.
DEN ANDEN GLADIATOR. Måske det nattevagten var, som gik
at løses af.
LENTULUS. Vel troligt. Her er stedet;
her skal I vente. Har I eders våben
skarpt slebne?
FØRSTE GLADIATOR. Blinkende som lynet, herre!
ANDEN GLADIATOR. Mit bider godt. Ved sidste fest i Roma
faldt tvende fægtere for dette sværd.
LENTULUS. Så hold jer ganske stille her i krattet;
og når en mand, som jeg betegner jer,
mod teltet går, da skal I styrte frem
og hugge ned ham bagfra.
FØRSTE GLADIATOR. Det skal ske.
(Begge gladiatorerne skjuler sig; Lentulus går spejdende

omkring.)
LENTULUS *(for sig selv)*. Det er et vovespil, jeg frister her; –
men øves må det endnu denne nat,
hvis det skal lykkes. – Falder Catilina,
kan ingen føre dem undtagen jeg.
Med gyldne løfter køber jeg dem alle
og rykker ufortøvet imod staden,
hvor end senatet i en rådvild skræk
ej tænker på at væbne sig mod faren.
(han går ind mellem træerne.)
FØRSTE GLADIATOR *(sagte til den anden)*. Hvem er han, denne ubekendte mand,
som vi skal hugge ned?
ANDEN GLADIATOR. Hvad rager os,
hvem manden er? Når Lentulus betaler,
så må han og forsvare, hvad vi gør.
LENTULUS *(kommer hurtigt tilbage)*. Hold jer beredt; nu kommer han, vi venter!
(Lentulus og gladiatorerne stiller sig på lur mellem buskerne Straks efter kommer Catilina gennem skoven og går henimod teltet.)
LENTULUS *(hviskende)*. Frem! Stød ham ned; hug ham igennem ryggen!
(alle tre styrter ind på Catilina.)
CATILINA *(drager sit sværd og forsvarer sig)*. Ah, uslinger, – hvad vover I –?
LENTULUS *(til gladiatorerne)*. Stød ned!
CATILINA *(genkender ham)*. Du, Lentulus, vil myrde Catilina?
FØRSTE GLADIATOR *(forskrækket)*. Ham er det!
ANDEN GLADIATOR *(viger tilbage)*. Catilina! Ej mod ham jeg bruger sværdet. Fly!

(begge gladiatorerne flygter.)

LENTULUS. Så fald for mit!

(de kæmper; Catilina slår Lentulus sværdet ud af hånden; Lentulus vil flygte, men Catilina holder ham fast.)

CATILINA. Forræder! Morder!

LENTULUS *(bønfaldende)*. Nåde, Catilina!

CATILINA. Jeg ser dit anslag skrevet på din pande.
Du vilde myrde mig, og selv dig stille
i mine venners spidse. Var det så?

LENTULUS. Så var det, Catilina!

CATILINA *(ser på ham med dulgt hån)*. Nu, hvad så?
Ifald dig magten lyster, – lad så være.

LENTULUS. Forklar, – hvad mener du?

CATILINA. Jeg træder af;
du fører hæren i mit sted –

LENTULUS *(forbauset)*. Det vil du?

CATILINA. Jeg vil. Men vær på alting forberedt;
thi vid, – vort forehavende er røbet;
senatet kender alle vore anslag;
dets hær omringer os –

LENTULUS. Hvad siger du?

CATILINA. Nu vil jeg kalde vore venner sammen.
Kom med, og stil dig frem som deres fører;
jeg takker af.

LENTULUS *(holder ham tilbage)*. Nej, vent dog, Catilina!

CATILINA. Din tid er kostbar; førend dagen gryr
du frygte kan et angreb –

LENTULUS *(ængstelig)*. Hør mig, ven!
Du spøger vel? Det kan ej være muligt –

CATILINA. Vort anslag er forrådt, som jeg har sagt dig.
Læg nu din kløgt og dygtighed for dagen.

LENTULUS. Forrådt? Da ve os alle!
CATILINA *(smiler hånligt)*. Fejge usling!
  Nu skælver du; – og *du* vil styrte *mig*;
  du tror dig kaldet til en herskers stilling?
LENTULUS. Tilgiv mig, Catilina!
CATILINA. Søg din frelse
  ved skyndsom flugt, hvis endnu det er gørligt.
LENTULUS. Ah, du tillader –?
CATILINA. Tænkte du, det var
  mit alvor at forlade denne post
  i farens stund? Du kender mig kun slet.
LENTULUS. O, Catilina –!
CATILINA *(koldt)*. Spild ej øjeblikket.
  Søg redning du; – jeg vide skal at dø.
  (vender sig fra ham.)
LENTULUS *(for sig selv)*. Jeg takker dig for denne store nyhed, –
  og jeg skal bruge den til eget bedste.
  Det kommer vel tilpas at jeg er kendt
  i denne egn; jeg søger fiendens hær
  og fører den ad skjulte stier hid,
  til dit fordærv og til min egen frelse. –
  Vid, ormen, som du overmodigt træder
  i støvet, har endnu sin hvasse brod!
  (han går.)
CATILINA *(efter et ophold)*. Det er den troskab, som jeg bygged på!
  Så svigter de mig, en for en. O, guder!
  Forræderi og fejghed er det kun,
  som gærer i de lunkne slavesjæle.
  O, dåre, som jeg er, med mine anslag!
  Jeg knuse vil hint øglerede, Roma, –
  og Roma er alt længst en sunken grushob.

(våbenlarm høres at nærme sig; han lytter.)
Der kommer de! End er der kække mænd
iblandt dem dog. Hvad liflig klang i stålet!
Hvor lystigt klirrer skjolde mod hinanden!
Det tænder ilden op i mig påny;
afgørelsen er nær, – den store stund,
som løser alle tvivl. Jeg hilser stunden!
(Manlius, Statilius, Gabinius og en mængde andre sammensvorne kommer gennem skoven.)

MANLIUS. Her, Catilina, har du dine venner;
i lejren slog jeg larm, som nys du bød –
CATILINA. Har du dem sagt –?
MANLIUS. De kender nu vor stilling.
STATILIUS. Vi kender den, og vi skal følge dig
med sværd i hånd til kamp om liv og død.
CATILINA. Jeg takker eder, tappre våbenbrødre!
Men håb ej på at her er valg tilovers
imellem liv og død; – kun mellem døden
i heltekamp mod overmagtens skarer,
og døden under pinsler, når vi grumt
som dyr forfølges, er os valget stillet.
Hvad foretrækker I? Ved flugt at friste
et uselt liv en stakket tid endnu, –
hvad eller kækt som eders stolte fædre
at falde kæmpende med sværd i hånd?
GABINIUS. Det sidste vælger vi!
MANGE STEMMER. Før os til døden!
CATILINA. Nu, så afsted! Ved denne død vi vies
ind til udødlighedens skønne liv.
Vort fald, vort navn, igennem fjerne tider
skal nævnes højt med stolthed –

FURIA *(råber bag ham, mellem træerne).* – eller rædsel!
NOGLE STEMMER. Ah, se, – en kvinde –!
CATILINA *(farer sammen).* Furia! Du her?
    Hvad drev dig hid?
FURIA. Jeg må ledsage dig
    til målet.
CATILINA. Nu, – hvor er mit mål? Sig frem!
FURIA. Hver søger målet ad sin egen vej.
    Du søger dit igennem håbløs kamp;
    og kampen avler undergang og død.
CATILINA. Men også hæder og et evigt navn!
    Gå, kvinde! Stolt og skøn er denne time;
    min barm er døv for dine hæse skrig.
    (Aurelia kommer frem i teltåbningen.)
AURELIA. Min Catilina –!
    (hun standser frygtsomt ved synet af de mange forsamlede.)
CATILINA *(smerteligt).* O, Aurelia!
AURELIA. Hvad er påfærde? Denne larm i lejren –.
    Hvad går her for sig?
CATILINA. Dig jeg kunde glemme!
    Hvad vil din skæbne vorde –?
FURIA *(hånligt hviskende, uden at bemærkes af Aurelia).* Vakler du
    alt i dit høje forsæt, Catilina?
    Er *det* dit dødsmod?
CATILINA *(opfarende).* Nej, ved mørkets guder!
AURELIA *(nærmer sig).* O, tal, min elskte; ængst mig ikke længer –
FURIA *(dæmpet bag ham).* Flygt med din viv – mens dine venner
    dør!
MANLIUS. Nøl ikke længer; før os ud på sletten –
CATILINA. O, hvilket valg! Og dog, – her er ej valg; –
    til målet må jeg, – tør ej midtvejs standse.

(råber.)
Så følg mig ud på sletten!
AURELIA *(kaster sig i nans arme)*. Catilina, –
gå ikke fra mig, – eller tag mig med!
CATILINA. Nej, bliv, Aurelia!
FURIA *(som før)*. Tag hende med!
Du får en død, dit liv, dit navn fuldt værdig,
når ned du hugges – i en kvindes arme.
CATILINA *(støder Aurelia tilside)*. Væk fra mig, du, som stjæle vil mit ry! –
Blandt mænd skal døden ramme mig. Jeg har
et liv at sone og et navn at tvætte –
FURIA. Ret så; ret så, min stolte Catilina!
CATILINA. Ud af min sjæl jeg river alt, som binder
mig til min fortid og dens tomme drøm!
Hvad bag mig ligger, er som om det aldrig
af mig var levet –
AURELIA O, forstød mig ikke!
Ved al min elskov, – jeg besværger dig, –
lad os ej skilles, Catilina!
CATILINA. Ti!
Mit bryst er dødt, mit blik er blindt for elskov.
Fra livets gøgleværk jeg vender øjet,
og ser kun mod den store blege stjerne
på eftermælets himmel!
AURELIA. Milde guder!
(hun læner sig mat op mod træet udenfor teltet.)
CATILINA *(til mændene)*. Og nu afsted!
MANLIUS. Hist lyder våbenbrag
FLERE STEMMER. De nærmer sig!
CATILINA. Godt! Vi vil kækt dem møde.

Lang var vor skændsels nat; snart gryr en dag –.
Til bad i kampens morgenskyer røde!
Følg mig! For Romer-sværd med Romer-mod
skal Romas sidste segne i sit blod!
(de iler ud gennem skoven; fra lejren høres larm og stridsråb.)
FURIA. Han er borte. Jeg har nået målet for mit liv.
Solens første blik på sletten ser ham kold og stiv.
AURELIA *(hen for sig)*. I hans harmopfyldte hjerte skulde elskov mer
ej bo?
Var det drømme? Nej, så lød det fra hans vrede
læbe jo.
FURIA. Sværdet klinger; Catilina svæver alt på gravens
rand;
snart han som en lydløs skygge haster mod de dødes
land.
AURELIA *(farer sammen)*. Ah, hvo er du, uheldsvangre røst, der
høres hist,
uglen lig, når hult den varsler ifra træets kvist!
Er du stegen fra de klamme skyggelande frem
for at føre Catilina til dit skumle hjem?
FURIA. Hjemmet er jo vandrings-målet, og hans veje gik
gennem livets dynd og sumpe –
AURELIA. Kun et øjeblik
Frit og ædelt var hans hjerte, stærk hans sjæl og god,
til et giftfrø den omklamred med sin slangerod.
FURIA. Friskt og grønt er og platanens løv i brede lag,
til dens stamme kvæles i en slyngvæksts favnetag.
AURELIA. Der forrådte du dit ophav! Denne stemmes klang
gav fra Catilinas læber genlyd mangen gang.
Du er slangen, som forgifted for mig livets frugt,
slangen, som for al min ømhed har hans hjerte lukt.

Fra de vågne nætters drømme grant jeg kender dig,
ser dig som en trusel stillet mellem ham og mig.
Ved min elskte husbonds side higed jeg så fro
mod et liv, af stilhed hegnet, mod et hvilens bo;
i hans trætte hjerte planted jeg et urtebed;
som dets bedste smykke freded jeg vor kærlighed.
Ah, din hadske hånd har rykket urten op med rod,
og i støvet ligger den, hvor før den frodig stod!

FURIA. Svage tåbe; du vil lede Catilinas skridt?
Ser du ikke at hans hjerte aldrig helt var dit?
Tror du, dine blomster trives kan i slig en grund?
I det solskin-svangre forår gror violer kun,
medens bulmen yppigst vokser under skyens tag;
og hans sjæl var alt forlængst en skyfuld høstens dag.
Alt er tabt for dig! Snart slukkes gnisten i hans barm,
og som hævnens offer ligger han i dødens arm!

AURELIA *(med stigende ild).* Nej, ved alle lysets guder, nej, det skal han ej!
Til hans hjerte mine tårer baner end en vej.
Finder jeg ham bleg og blodig efter kampens larm,
slynge vil jeg mine arme om hans kolde barm,
ånde på hans stumme læbe al min kærlighed,
mildne smerten i hans indre, bringe trøst og fred.
Hævnens bud, dit offer skal jeg vriste af din hånd,
binde ham til lysets hjemland med et elskovsbånd;
og er hjertets slag forstummet, medens øjet brast,
går vi begge bort fra livet i et favntag fast.
Skænk mig da, I milde magter, for hvad her jeg led,
ved min husbonds side gravens store stille fred.

(hun går.)

FURIA *(ser efter hende).* Søg ham, forblindede; – jeg frygter ej;
jeg holder sejren trygt i mine hænder.
Nu vokser kampens larm; dens bulder blandes
med døds-skrig og med brustne skjoldes brag.
Mon alt han bløder? Mon han lever end?
O, skøn er denne stund! Sig månen skjuler
bag tykke tordenskyer i sin nedgang.
Det vorder nat et øjeblik påny
før dagen kommer; – og med dagens komme
er alting ude. Han forgår i mørket,
som han i mørket leved. Skønne stund!
(hun lytter.)
Nu suser det forbi, lig høstens stormpust,
og mister mælet i det vide fjerne;
de tunge skarer fejer sletten ren.
Ustandselig, nedtrampende de faldne,
de vælter frem som havets vrede bølger. –
Jeg hører klynk og gisp og støn derude, –
den sidste vuggesang, – hvori de dysser
til ro sig selv og alle blege brødre. –
Nu stemmer uglen i. Den ønsker dem
velkommen i de skumle skyggers rige.
(efter et ophold.)
Hvor lydløst stilt. Nu er han altså min, –
alene min, og min for alle tider.
Nu kan vi følges ad til glemselsfloden –
og over floden, hvor det aldrig dages.
Dog først jeg søge vil hans lig derude,
vil mætte mig ved synet af de skønne
forhadte ansigtsdrag før de forstyrres

af sol, som rinder, og af ravn, som venter.
(vil gå, men studser og farer tilbage.)
Hvad nu! Hvad glider over engen hist?
Er det kun sumpens dunster, som sig tætner
i morgenkulden til et samlet billed?
Nu nærmer det sig. – Catilinas skygge!
Hans genfærd –! Jeg kan se hans brustne øje,
hans kløvte skjold, hans klingeløse sværd;
jeg ser den hele døde mand; kun *et*, –
forunderligt, – døds-såret ser jeg ikke.
(Catilina kommer gennem skoven, bleg og mat, med sænket hoved og forstyrrede blikke.)

CATILINA *(hen for sig).* «Du falder for din egen hånd, –
og dog en fremmed skal dig fælde.»
Så lød hans spådomsord. Nu er jeg falden –
skønt ingens hånd mig traf. Hvo løser gåden?

FURIA. Vær hilset efter kampen, Catilina!

CATILINA. Ah, hvo er du?

FURIA. Jeg er en skygges skygge.

CATILINA. Dig er det, Furia! Du hilser mig?

FURIA. Velkommen i vort fælles hjem! Nu kan
vi følges ad til Charons båd, – to genfærd.
Dog først – tag sejers-kransen af min hånd.
(hun plukker nogle blomster, som hun under det følgende fletter sammen til en krans.)

CATILINA. Hvad gør du der?

FURIA. Jeg smykke vil din pande.
Men hvorfor kommer du alene hid?
En høvdings skygge skulde følges af
ti tusend faldne. Hvor er dine venner?

CATILINA. De sover, Furia!

FURIA. De sover end?

CATILINA. De sover end, – og de vil sove længe.
De sover alle. List dig gennem skoven;
kig ud på sletten, – tyst; forstyr dem ikke!
der vil du finde dem i lange rader.
De slumred ind ved sværdes vuggesang;
de slumred ind, – og vågned ej, som jeg,
da sangen tabte sig bag fjerne højder.
Et genfærd kaldte du mig. Ja, jeg er
et genfærd af mig selv. Men tro blot ej
at hines slummer er så ganske rolig
og drømmeløs. O, tro det ikke!

FURIA. Tal!
Hvad drømmer dine venner?

CATILINA. Du skal høre. –
Jeg stred i spidsen, med fortvivlet sind,
og søgte døden under sværdets egg.
Til højre og til venstre segned alle;
Statilius faldt, – Gabinius, Manlius;
min Curius dræbtes da mit bryst han dækked;
da alle faldt for blanke Romer-sværd, –
for hine sværd, som vraged mig alene.
Ja, Romas våben vraged Catilina.
Med brustent værge stod jeg, halvt bedøvet,
og sansed intet medens kampens bølger
mig overskylled. Samling vandt jeg først
da alt blev stilt omkring, og jeg så op,
og øjned slaget som et hav – langt bag mig!
Hvorlænge stod jeg der? Det véd jeg kun, –
jeg stod alene mellem mine døde.
Men der var liv i disse brustne øjne;

        mundkrogene fortrak sig til et smil;
        og smil og øjne retted de mod mig,
        der stod alene oprejst mellem ligene, –
        mod mig, der havde stridt for dem og Roma, –
        mod mig, der stod igen foragtet, vraget
        af Romas sværd. – Da døde Catilina.
FURIA. Falskt har du tydet dine dødes drømme;
        falskt har du tydet, hvad der dræbte dig.
        Med smil og øjekast de bød dig ind
        at sove, som de selv –
CATILINA. Ja, hvis jeg kunde!
FURIA. Vær trøstig, – genfærd af en fordums helt;
        din hvilestund er nær. Kom; bøj dit hoved; –
        nu vil jeg smykke dig med sejrens krans.
        (hun rækker den imod ham.)
CATILINA. Fy, – hvad er det? En valmuekrans –!
FURIA *(med vild lystighed)*. Nu, ja, –
        er ikke valmuer smukke? De vil lyse
        omkring din pande som en bræm af blod.
CATILINA, Kast kransen væk! Jeg hader dette røde.
FURIA *(ler højt)*. Du elsker mer de matte, blege farver?
        Godt! Jeg vil hente dig den grønne sivkrans,
        som Silvia bar i de våde lokker,
        da hendes lig flød op ved Tibers munding.
CATILINA. Ah, hvilke syner –!
FURIA. Skal jeg heller bringe
        dig tidsel-klyngerne fra Romas torv,
        med brune pletter af det borgerblod,
        som strømmed for din hånd, min Catilina?
CATILINA. Hold inde!
FURIA. Eller lyster dig en løvkrans

af vinter-egen ved min moders hus,
der visned da en ung vanæret kvinde
med høje skrig sprang sansesløs i floden?

CATILINA. Tøm alle hævnens skåler over mig
på engang ud –!

FURIA. Jeg er dit eget øje, –
dit eget minde og din egen dom.

CATILINA. Men hvorfor *nu* –?

FURIA. Ved målet skuer jo
den trætte vandrer på sin vej tilbage.

CATILINA. O, står jeg ved mit mål? Er dette målet?
Jeg er ej levende, – og ej begravet.
Hvor ligger målet?

FURIA. Nær, – såfremt du vil.

CATILINA. Jeg har ej vilje mer; min vilje døde
da alt forspildtes, hvad jeg engang vilde.
(slår ud med hænderne.)
Vig langt ifra mig, alle gustne skygger!
Hvad kræver I af mig, I mænd og kvinder?
Jeg kan ej skænke jer –! O, denne skare –!

FURIA. Til jorden bunden er endnu din skygge.
Riv sønder disse tusend trådes næt!
Kom, lad mig trykke kransen i dit hår; –
den har en stærk, en lægsom glemsels-kraft;
den dysser dig til ro; den dræber mindet.

CATILINA *(klangløst)*. Den dræber mindet? Tør jeg tro dit ord?
Så tryk din giftkrans tæt omkring min pande.

FURIA *(sætter kransen på hans hoved)*. Nu er du smykket. Sådan
skal du træde
for mørkets fyrste frem, min Catilina!

CATILINA. Kom, lad os gå! Did ned jeg higer såre; –

jeg stunder hjem til alle skyggers land.
Lad os tilsammen gå! – Hvad fængsler mig?
Hvad binder mine skridt? Jeg føler bag mig
på morgenhimlens hvælv en tåget stjerne; –
den holder mig i livets land tilbage;
den drager mig, som månen drager havet.

FURIA. Følg med; følg med!

CATILINA. Den vinker og den blinker.
Jeg kan ej følge dig før dette lys
er ganske slukket, eller slørt af skyer. –
Nu ser jeg det! Det er ej nogen stjerne;
det er et hjerte, bankende og varmt;
det binder mig; det fængsler og det drager,
som aftenstjernen drager barnets øje.

FURIA. Stands dette hjertes slag!

CATILINA. Hvad mener du?

FURIA. Du har din dolk i bæltet. Kun et stød, –
så slukkes stjernen, knust er dette hjerte,
som stiller fiendtlig sig imellem os.

CATILINA. Jeg skulde slukke –? Blank og spids er dolken –
(med et skrig.)
Aurelia! Aurelia, hvor er du?
O, var du nær –! Nej, nej, – jeg vil ej se dig!
Og dog – det tykkes mig, som alt blev godt,
at freden kom, ifald jeg kunde lægge
mit hoved til dit bryst og angre – angre!

FURIA. Hvad vil du angre?

CATILINA. Alt, hvad jeg har øvet!
At jeg har været og at jeg har levet.

FURIA. For sent at angre! Der, hvor nu du står,
går ingen vej tilbage. – Prøv det, dåre!

Nu går jeg hjem. Læg du dit hoved kun
til hendes bryst og se om der du finder
den fred, du søger for din trætte sjæl.
(med stigende vildhed.)
Snart vil de rejse sig, de tusend døde;
forførte kvinder slutter sig til dem;
og alle, alle vil de kræve af dig
det liv, det blod, den ære du har røvet.
Forfærdet vil du flygte ud i natten, –
vil flygte jorden rundt langs alle strande,
Actæon lig, af hunde-koblet jaget, –
en skygge, jaget af de tusend skygger!

CATILINA. Jeg ser det, Furia! Her er jeg fredløs.
I lysets verden er jeg hjemløs nu!
Jeg følger dig til alle skyggers land; –
det bånd, mig binder, vil jeg sønderskære.

FURIA. Hvi famler du med dolken?

CATILINA. Hun skal dø.
(et lyn slår ned og tordenen ruller.)

FURIA. De store magter jubler ved dit forsæt! –
Se, Catilina, – hist din hustru kommer.
(Aurelia kommer angstfuld søgende gennem skoven.)

AURELIA. Hvor skal jeg finde ham! Hvor kan han færdes!
Han er ej blandt de døde –
(får øje på ham.)
Høje himmel; –
min Catilina!
(hun iler imod ham.)

CATILINA *(forvildet)*. Nævn ej dette navn!

AURELIA. Du lever! Ja –!
(vil kaste sig i hans arme.)

CATILINA *(afværgende.)*
    Vig bort! Jeg lever ikke.
AURELIA. O, hør mig, elskte –!
CATILINA. Ti; jeg vil ej høre!
    Jeg hader dig! Jeg ser din fule list;
    du vil mig lænke til et halv-livs rædsel.
    Stir ikke på mig! Dine øjne martrer, –
    de stinger mig i sjælen som en dolk!
    Ah, dolken; dolken! Dø! Luk dine øjne –
    (han drager sin dolk og griber hende i armen.)
AURELIA. Våg, milde guder, over ham og mig!
CATILINA. Luk dine øjne; luk dem, siger jeg; –
    i dem er stjerneskin og morgenhimmel –.
    Nu vil jeg slukke morgenhimlens stjerne!
    (tordenen ruller atter.)
    Dit hjerteblod! Nu råber livets guder
    sit afskedsord til dig og Catilina!
    *(han hæver dolken imod hendes bryst; hun flygter ind i teltet;
    han forfølger hende.)*
FURIA *(lyttende).* Hun strækker sine hænder bønligt mod ham.
    Hun beder for sit liv. Han hører intet.
    Han støder til! – Der faldt hun i sit blod.
    (Catilina kommer, med dolken i hånden, langsomt ud fra teltet.)
CATILINA. Nu er jeg fri. Snart er jeg intet mere.
    Alt sænker sig min sjæl i glemsels tåger;
    jeg skimter og jeg hører kun forvirret
    som under stride vande. Véd du vel,
    hvad jeg har dræbt med denne lille dolk?
    Ej hende blot, – men alle jordens hjerter, –
    alt levende, og alt, som gror og grønnes; –
    hver stjerne har jeg slukt, og månens skive,

og solens ild. Se selv, – den kommer ikke;
den kommer aldrig mere; slukt er solen.
Nu er den hele vide jordens kreds
forvandlet til en kold uhyre grav
med blygråt hvælv, – og under dette hvælv
står du og jeg, forladt af lys og mørke,
af død og liv, – to hvileløse skygger.

FURIA. Vi står ved målet, Catilina!

CATILINA. Nej;
et skridt endnu – før jeg ved målet står.
Frigør mig for min byrde! Ser du ikke,
jeg går med Catilinas lig på ryggen?
En pæl igennem Catilinas lig!
(viser hende dolken.)
Forløs mig, Furia! Tag denne pæl; –
med den jeg spidded morgenstjernens øje; –
tag, – tag, og ram den tvers igennem liget,
så mister det sin magt, – og jeg er fri.

FURIA *(griber dolken).* Det ske, du sjæl, hvem jeg i had har elsket!
Afryst dit støv og gå med mig til glemsel!
(hun borer dolken dybt ind i hans bryst; han segner om ved foden af træet.)

CATILINA *(efter et ophold, kommer til besindelse, fører hånden over panden og siger mat):*
Ah, nu fatter jeg din spådom, gådefulde ånd!
Halvt jeg falder for min egen, halvt for fremmed
hånd.
Nemesis har gjort sin gerning. Dølg mig, dødens
mulm!
Mørke Styx, løft nu din bølges hoved højt og svulm!
Bær mig over; sink ej båden; jag den rastløs frem

mod den tause fyrstes rige, alle skyggers hjem.
Tvedelt vejen går dernede! jeg skal vandre stum
imod venstre –

AURELIA *(fra teltet, bleg og vaklende, med blodigt bryst)*. – nej, mod højre! Mod Elysium!

CATILINA *(farer sammen)*. O, hvor dette lyse billed fylder mig med gru!
Det er hende selv! Aurelia, – sig mig, – lever du?

AURELIA *(knæler ned ved ham)*. Ja, jeg lever for at stilne dine smerters sø, –
lever for at lægge barmen mod dit bryst og dø.

CATILINA. O, du lever!

AURELIA. Kun en afmagts slør omkring mig faldt;
men mit matte øje fulgte dig; jeg hørte alt, –
og min kærlighed en hustrus kraft mig atter gav; –
bryst ved bryst, min Catilina, går vi i vor grav!

CATILINA. O, hvor gerne! Dog, forgæves er dit glade håb.
Vi må skilles. Jeg må følge hævnens hule råb.
Du kan haste let og frigjort frem til lys og fred;
jeg må over glemsels-floden, må i mørket ned.
(dagen gryr i baggrunden.)

AURELIA *(peger mod den stigende lysning)*. Nej; for kærligheden svinder dødens rædsler og
dens nat.
Ser du, tordenskyen viger; morgenstjernen vinker
mat.
(med oprakte hænder.)
Lyset sejrer! Ser du, dagen kommer stor og varm!
Følg mig, Catilina! Døden griber alt min barm.
(hun segner ned over ham.)

CATILINA *(trykker hende tæt til sig og siger med sin sidste kraft)*:

O, hvor lifligt! Grant jeg mindes nu min glemte
drøm,
hvordan hvælvets mørke spredtes af en stråle-strøm,
hvordan barnerøster sang imod den unge dag.
Ah, mit øje vorder dunkelt, og min arm er svag;
men i sindet er det lyst, som aldrig før det var,
og min fortids vilde vandring ligger bag mig klar.
Ja, mit liv var uvejrs rasen under natlyns glød;
men en rosenfarvet morgendæmring er min død.
(bøjer sig over hende.)
Du har sjælens mulm forjaget; i mit bryst er ro.
Se, jeg følger dig til lysets og til fredens bo!
(han river dolken raskt ud af sit bryst og siger med døende stemme:)
Morgnens milde magter skuer i forsoning ned;
du har nattens ånd besejret ved din kærlighed!
(Under det sidste optrin har Furia fjernet sig mere og mere mod baggrunden, hvor hun forsvinder mellem træerne. Catilinas hoved synker ned på Aurelias bryst; de dør.)

Also available from JiaHu Books:

Brand - Henrik Ibsen
Et Dukkhjem – Henrik Ibsen
(Norwegian/English Bilingual text also available)
Peer Gynt – Henrik Ibsen
Hærmændene på Helgeland – Henrik Ibsen
Fru Inger til Østråt - Henrik Ibsen
Gengangere – Henrik Ibsen
Synnøve Solbakken - Bjørnstjerne Bjørnson
Det går an by Carl Jonas Love Almqvist
Drottningens Juvelsmycke by Carl Jonas Love Almqvist
Röda rummet – August Strindberg
Fröken Julie/Fadren/Ett dromspel by August Strindberg
Nils Holgerssons underbara resa genom Sverige - Selma Lagerlöf
The Little Mermaid and Other Stories (Danish/English Texts) - Hans-Christian Andersen
Egils Saga (Old Norse and Icelandic)
Brennu-Njáls saga (Icelandic)
Laxdæla Saga (Icelandic)
Die vlakte en andere gedigte (Afrikaans) - Jan F.E. Celliers

www.ingramcontent.com/pod-product-compliance
Lightning Source LLC
Chambersburg PA
CBHW031413040426
42444CB00005B/550